BODY POSITIVE *attitude*

Photographie : Jean-François Chavanne ;
à l'exception des photos suivantes :

p. 5 à droite : © lecanardivre ; p. 17 au milieu : © flore et zéphyr ;
p. 40 gauche : © Johannes Bender ; p. 40 droite :
© Valou_NaturallyPositive ; p. 41 gauche : Clémentine Desseaux
@lesmijotes ; p. 41 centre, haut : © Sandra Gomes
@ Me_versus_Me ; p. 41 bas : © Elsa Trehen-Giacobazzi ;
p. 41 droite : © Sandymoioui p. 167 en haut : © Les Tabliers Enchantés

Photos © Elykilleuse p. 5 gauche, p. 17 droite, p. 37 gauche, droite
et milieu, p. 43, p. 59, p. 65, p. 73, p. 81, p. 91, p. 92, p. 97,
p. 105, p. 115 droite, p. 125 haut, p. 165.

Photos © MonsieurK : p. 17 à gauche, p. 75, p. 93, p. 98, p. 108, p. 109,
p. 115 à gauche, p. 124, p. 167 en bas, p. 168.

p. 111, 121, 127, 130, 143 : © Shutterstock

Maquillage : Valentine Perrin Morali et Vanessa Bellini

Pour le stylisme, la maison d'édition tient à remercier les marques
Eli Grita Paris, Les Poulettes Fitness, l'Agence Epic et Superbe Paris.
Un projet apporté par Ariane Geffard.
Avec la collaboration de Sioux Berger.

Ely Killeuse

BODY POSITIVE attitude

MARABOUT

AVANT-PROPOS

Je m'appelle Yasmine, plus connue sous le pseudo de Ely_Killeuse… Ely pour les intimes. Il y a quatre ans, j'ai ouvert un compte Instagram pour partager ma motivation, mes doutes et mes réussites sur le thème du régime.

Petit à petit, je me suis prise au jeu, j'ai posté plus que des photos de repas ou de stepper, j'ai montré mon visage, montré un peu de mon intimité, exposé mes failles, mes joies, ma vie…

Je me suis ouverte aux autres à travers de longs textes, et ils se sont ouverts à moi pour créer avec le temps une véritable communauté. Aujourd'hui, plus de 150 000 personnes me suivent au quotidien sur mes différents réseaux, Instagram, Facebook, blog… là où est née Elykilleuse.

Je vous rassure, dans la vraie vie, personne ne me suit, je vais seule aux toilettes, je vais travailler, je prends le tram, je m'engueule avec mon mari, parfois je suis à découvert et je pars rarement en vacances à l'autre bout du monde. Je suis une fille de la vraie vie, avec des obligations, des doutes, des hauts et des bas, et j'aime ça.

En 2017, j'ai eu un déclic, et je l'ai couché sur « papier virtuel », sur mon compte Instagram, avec cette photo avant/après peu commune, suivie de cette légende :

Voilà pourquoi j'ai aimé prendre 5 kg.

Bah j'ai mangé, j'ai continué le sport, j'ai même intensifié mes séances, et je me suis fait plaisir, j'ai arrêté, au restau, de mettre une heure à réfléchir entre « le Burger donne envie », « c'est pas bien, je dois faire attention » et « je vais prendre une salade avec sauce à part, sans lardons, sans fromage et sans pain, merci ».

J'ai arrêté de baver (et ruminer) face au burger-frites de mon mec, j'ai arrêté de lui en vouloir de me tenter !!

J'ai arrêté de me focaliser sur ce que l'on entend par « fitgirl » pour être ma propre version de la sportive.

J'ai arrêté de faire du sport pour maigrir, pour compenser, pour poster, et j'ai commencé à en faire pour le plaisir, aussi souvent que l'envie se faisait sentir.

En fait je me suis retrouvée, ça m'a pris +5 kg, et un jour, j'ai compris, j'ai compris que je m'aimais assez pour ne plus m'infliger tout ça, j'ai compris que je n'en avais pas besoin, je n'avais plus besoin de faire la diète avant l'été ☼

J'ai compris que j'avais le droit de les aimer, mes bourrelets, j'ai compris que j'avais le droit d'être moi-même, que la santé, le bien-être et la sérénité valaient plus qu'un 6Pack.

J'ai compris que j'étais plus qu'un chiffre, plus qu'un corps, j'ai compris que j'étais Elykilleuse, ex-poppy mal dans sa peau, ex-fitgirl mal dans sa peau, new happygirl sportive ❤

J'ai appris à m'aimer. Ça demande du temps, des efforts, ça provoque des doutes, mais je suis tellement plus heureuse aujourd'hui que 5 kg en arrière !

La Ely de gauche n'était jamais « assez » : assez mince, assez heureuse, elle en voulait toujours plus…

Elle n'a pas su apprécier ce qu'elle avait à force de lorgner sur le cul de la voisine...
La Ely de droite avance plus sereinement, elle sait apprécier chaque évolution, et maintenant c'est sur son propre booty rebondi qu'elle lorgne avec plaisir !
Je ne regrette pas ce que j'ai été, ça me permettra d'apprécier encore plus ce que je serai !
Le bonheur ne dépend pas de votre corps, mais de la relation que vous entretenez avec lui. Kiss and LoveMySelf mes IG !

Ce post a fait le buzz, des magazines féminins, des sites Internet ont partagé mon post comme un message d'espoir. Peu de temps après, les éditions Marabout m'ont proposé de coucher sur papier, réel cette fois, mes péripéties, mon expérience de bodypositiveuse, bref, mon histoire : comment je suis passée de la jeune fille complexée en 36 à la jeune femme épanouie dans son 42.
Il est temps d'ouvrir les yeux sur notre vraie valeur, sur notre véritable potentiel, sur ce qui compte vraiment : NOUS. Notre vie, sa réussite, l'amour, le bonheur, l'épanouissement personnel et professionnel ne sont pas liés au corps que vous avez, mais à la façon dont vous vivez avec.
J'ai rencontré mon mari à mon poids le plus haut ; j'ai fait du 36 et je refusais de me mettre en maillot de bain sans me blottir dans une serviette ; j'ai testé une multitude de régimes ; j'ai connu la boulimie ; j'ai fait souffrir les autres et je me suis fait souffrir ; j'étais persuadée que pour être heureuse, il fallait être mince. Finalement, c'est en étant plus forte que j'ai découvert le bonheur.

Dans ce livre, je vais vous raconter mon parcours de « régimeuse » qui a débuté à 12 ans, les régimes qui se sont succédé, tout ce que j'ai mis en place pour perdre du poids, ce qui a fonctionné et ce qui n'a pas fonctionné. Mais surtout, je vais vous montrer qu'avec le temps et quelques méthodes que j'ai moi-même testées, vous pourrez enfin vous aimer pour ce que vous êtes et faire la paix avec votre reflet.
Je vais vous faire partager ma nouvelle passion pour le sport, vous aider à apprivoiser et à aimer le « manger sain », et vous ouvrir à ma vision du plaisir de la vie : vivez avec votre corps et pas contre lui, pour votre plus grand plaisir et celui de ceux qui vous entourent.

GUIDE DE SURVIE
pour comprendre la langue d'Ely

Voici les définitions des différents termes, expressions et hashtags que vous trouverez tout au long de votre lecture (et sur les réseaux sociaux).

Bad day : un mauvais jour, un de ceux où même un bonjour vous donne envie de casser des nez.

Bad hair day : mauvais jours qui commencent avec une touffe de cheveux indomptable et le sentiment que tout va foirer aujourd'hui (un peu comme vos cheveux).

Big booty : l'objectif ultime, la mode actuelle : avoir de belles fesses rondes et charnues, raison pour laquelle les filles font la queue devant la cage à squats à la salle de sport.

Bikini body / bikini ready : c'est l'ancêtre de « 15 jours pour être parfaite en maillot de bain », c'est le fait d'avoir un corps « idéal » pour un maillot de bain sur les réseaux. Moi je préfère la version terre à terre, pour avoir un bikini body : on prend un bikini, on insère son body dedans et voilà, on est *bikini ready* !

Bodypositive : c'est un mouvement qui a commencé aux États-Unis, et qui invite les femmes et les hommes à s'aimer tels qu'ils sont, et non pas tels que la société aimerait qu'ils soient.

Bodyshaming : mouvement (à la noix) qui consiste à critiquer les gens sur leur physique ; Rihanna a d'ailleurs fait les frais du *Fatshaming*, la version dédiée aux « gras », suite à sa prise de poids en 2017.

Curvy : des filles en formes et bien dans leurs formes, en chair et fières de l'être !

Effet cupcake : effet d'un pantalon taille basse, quand les poignées d'amour et le bidon débordent de la ceinture.

Effet yo-yo : c'est l'effet qu'ont les régimes sur votre poids : des hauts et des bas incessants, à l'infini.

Fitgirl / Fitboy : femme / homme pratiquant le fitness et exposant ses résultats, sa passion, ses entraînements sur les réseaux sociaux : le but est de faire rêver !

Followers : personnes qui vous suivent sur les réseaux, parfois timides, parfois fantômes, ils sont surtout une grande source d'échange, un soutien constant et la raison pour laquelle on partage avec plaisir.

Haters : souvent très friands du Bodyshaming, ce sont des individus, le plus souvent anonymes, avec un grand complexe d'infériorité et de jalousie, qui se nourrissent en faisant mal aux autres avec leur clavier (non, ils ne nous tapent pas dessus avec, hein ?). Ce sont des gens pleins de rancune que je me fais une joie d'ignorer et de bloquer afin de ne pas nourrir leur plaisir sournois.

Headband : bandeau à cheveux très utile en cas de cheveux gras !

Love yourself : va de pair avec le Bodypositive, il s'agit de s'aimer avant tout, s'aimer tel que l'on est et pour ce que l'on est.

Morningshape : c'est le fait d'immortaliser avec une photo sa forme du jour dès le réveil, avant de manger et de préférence après être passé par la case « popo », afin d'avoir le ventre le plus plat possible.

No pain, no gain : autre version de « quand on veut, on peut », c'est un mouvement culpabilisant qui dit que si tu n'y arrives pas, c'est que tu ne t'en donnes pas les moyens.

Poppy : poppy, à la base, c'est mon ours en peluche bedonnant et finalement, c'est ainsi que je qualifie l'ancienne moi bien en chair et bedonnante.

Redcarpette : c'est le petit nom glamour (oui, il m'arrive de l'être) que je donne aux menstruations.

Régimeuse : terme utilisé sur les réseaux sociaux pour parler d'une fille abonnée aux régimes.

Seum (avoir le) : c'est la version hype et djeuns de « t'as les boules, t'as les glandes, t'as les crottes de nez qui pendent ». Quoi ? Même en primaire, on le dit plus ?

Shape : c'est la forme, la forme physique, votre corps tout entier.

Sixpack : c'est la version anglophone de « tablette de chocolat », alors entre les squats et les crunchs (mouvement d'abdos), les filles ne savent plus quoi choisir.

Stepper : petit appareil de cardiotraining pour monter des marches à l'infini dans son salon devant les *Reines du Shopping*.

Thighgap : espace entre les cuisses, souvent l'objectif ultime dans un selfie miroir, qu'on peut obtenir simplement en tendant les fesses vers l'arrière (autrement appelé « le cul en buse »).

Unfollow : c'est le fait d'arrêter de suivre quelqu'un sur les réseaux (grandes tragédies pour certains).

Voilà, vous êtes parés pour ce livre, les réseaux sociaux et même pour mettre le seum intégral à vos ados prépubères !

BODY POSITIVE dans ma tête

du body shaming au BODY POSITIVE

BODY POSITIVE *dans mon assiette*

BODY POSITIVE *dans mon corps*

BODY POSITIVE

dans ma tête

MINCE À TOUT PRIX...

mais à quel prix ?

L'histoire de mon enfance est parsemée d'anecdotes qui m'ont poussée peu à peu à détester mon corps et à entrer dans la spirale infernale des régimes.

Tout a commencé lorsque j'avais 12 ans : j'étais une jeune fille de corpulence moyenne, voire mince (avec le recul). À mon entrée en 6e, au collège Charles Péguy d'Arras, j'ai décidé de rejoindre l'équipe de gymnastique du collège ; j'étais avec mes copines, je m'amusais bien. Je n'étais pas la meilleure du groupe, mais je m'en sortais plutôt bien. On avait des compétitions tous les mercredis et c'est lors de l'une d'elles, quelques mois après la rentrée, que tout a basculé. Ma prof m'a fait remarquer : « Ce serait quand même mieux si tu maigrissais ! » Elle venait de semer la première graine de doute et de manque de confiance en moi. Peu importe si, par la suite, j'accueillerais toutes les remarques avec humour et autodérision, le mal était fait. Je me suis mise à détester les cours de sport, et je n'ai plus voulu m'inscrire à une activité sportive jusqu'à la fin de ma scolarité.

Puis les allusions à mon poids se sont succédé. En 3e, des garçons de ma classe avaient dessiné une pancarte pour se moquer de mes amies et moi et, pour me caractériser, ils avaient écrit cette phrase : « Quand je te pousse, tu roules. » Quinze ans plus tard, je m'en souviens comme si c'était hier.

Au lycée, mal dans ma peau, j'ai pris du poids, j'en ai perdu, j'en ai repris... Et ça, c'est un peu le résumé de ma vie : Ely, 29 ans, premier régime à 12 ans, et dix-sept années de yo-yo physique et psychologique. Je n'ai pas 30 ans et j'ai déjà l'impression d'avoir tout vu, tout vécu, tout entendu quand il s'agit de poids, de régimes et de pilules magiques...

Vous êtes peut-être dans la même situation que moi. Je pense que c'est le cas de plus de personnes qu'on ne le croit : un sondage Ipsos démontre en effet qu'« au cours de leur vie, 44 % des Français ont déjà suivi un régime », et plus d'un sur quatre en a déjà suivi plusieurs...

Mais je peux vous assurer qu'on peut s'en sortir. Il est possible de tordre le cou aux régimes et d'aimer son corps tel qu'il est !

Moi à 12 ans... une jeune fille comme les autres.

MON YO-YO, MES RÉGIMES,

ma recherche du « toujours moins »

Mon combat contre mon poids a donc démarré lorsque j'avais 12 ans. J'étais tout juste ado ! J'ai commencé par me priver de façon aléatoire : je sautais le petit déjeuner, je refusais les gâteaux au goûter, mais comme n'importe quel enfant, je me rattrapais au dîner, tiraillée par la faim. Faute de motivation, j'ai décidé de jouer sur un autre tableau : l'autodérision. Ce serait désormais mon arme numéro 1 pour faire face aux réflexions et au regard des autres.

Puis je me suis organisée. Le régime a peu à peu fait partie de mon quotidien, mais c'est au lycée que j'ai véritablement commencé une relation « je t'aime moi non plus » avec mon corps, au rythme des régimes à la mode. En les testant tous, j'étais certaine qu'un jour, je trouverais le bon et atteindrais enfin le poids rêvé : en tout cas, c'était ce que promettaient les magazines.

D'aussi loin que je me souvienne, ce poids rêvé a toujours été de 58 kg : alors que je dépassais les 68 kg, ce numéro 58 me faisait de l'œil. J'étais sûre qu'en atteignant ce poids, je serais plus belle, plus épanouie, plus heureuse… je pensais même que j'aurais de meilleures notes à l'école !

LA LISTE DE MES RÉGIMES

Voici quelques-unes de mes tentatives… rien que d'y repenser, j'en ai la nausée.

Le régime Dukan, mon premier « vrai » régime

J'ai commencé un véritable parcours du combattant en 2005, à l'âge de 17 ans, avec le fameux régime Dukan. À l'époque, c'était « ZE » régime à la mode, et tous les magazines en parlaient. Les photos des stars affichant vingt kilos de moins en quelques mois étaient étonnantes, je me suis donc laissée tenter… Je me disais au fond de moi : « Vous allez voir ce que vous allez voir, je l'aurai mon 58, je l'aurai ! » À l'époque, on ne parlait pas encore des effets négatifs de ce régime, et de toute façon, je vais être franche, l'appel de la minceur était bien plus fort que n'importe quelle notion de santé ou de bien-être.

Le principe était simple : je devais manger uniquement des protéines pendant cinq jours, puis j'enchaînais avec deux jours de protéines et légumes. Les sucres, les féculents, les fruits n'étaient pas autorisés, même certains légumes étaient prohibés. En revanche, l'aspartame, lui, coulait à flots, pour aider à supporter les multiples restrictions... On sait aujourd'hui que cet édulcorant agit comme un leurre et envoie des messages erronés à l'intestin, qui va inviter le corps à stocker les graisses... et donc nous faire grossir...

Viande pour le goûter, fromage blanc 0 % à tous les repas, surimi au petit déjeuner, rien ne m'a arrêté. Pas même cette sensation de nausée qui me tenaillait à la vue de cette énième tranche de jambon... car les protéines sont « à volonté ». Je m'en suis donc gavée. Et qui dit « gavée » dit « dégoûtée ». Au début, c'était sympa de manger 2 kg de fromage blanc à l'aspartame ; j'avais l'impression d'être « remplie »... Pour un régime, cette perspective était plus que réconfortante, ça semblait presque facile : maigrir sans avoir faim !

Les kilos se sont vite envolés, alors ma motivation a redoublé : le numéro 58 était à ma portée, j'étais à quelques tranches de poulet du résultat escompté ! Pourtant, mon corps avait soif, et au cours de ce régime, j'avais beau boire autant que je le pouvais, rien ne me désaltérait... Mes reins ont souffert. J'avais une haleine de chacal, j'étais tout le temps constipée, j'avais mal au crâne en permanence, des vertiges, mais je me disais que cela faisait partie du jeu. J'ai tenu bon sans tenir compte de ce qu'exprimait mon corps. Il me criait « stop » et moi je continuais, l'envie de maigrir étant plus forte que ces douleurs.

Et j'ai gagné une bataille ! trois mois plus tard, je pesais 58 kg, j'avais atteint mon objectif. J'allais enfin pouvoir m'habiller comme Kate Moss et frimer en maillot de bain sur la plage.

Grisée par ce résultat, j'ai voulu perdre plus, parce que 58 kg, ce n'était finalement plus assez pour être jolie. Après un passage difficile – j'y reviendrai dans le chapitre « Quand maigrir va trop loin » –, j'ai repris tout le poids perdu, je n'en pouvais plus de ces menus absurdes, et je ne pouvais plus voir un morceau de jambon sans avoir de haut-le-cœur. Je voulais mordre la vie, croquer dans une pomme, savourer une tranche de pain... Eh oui, je rêvais de simplicité, et je me forçais à manger ce que mon corps refusait désormais en bloc.

Fin du régime : je reprends mes bonnes vieilles habitudes, la pomme n'a pas suffi, je veux des brioches, encore, et du Nutella, et puis des bonbons, des barres chocolatées, que c'est bon ! Je savoure à nouveau des plaisirs que j'avais complètement oubliés : un goûter avec les copines, un dîner en famille, sans me prendre la tête sur le détail du menu.

Chaque lundi, je me dis que je recommence Dukan, mais à peine mes 500 g de fromage blanc engloutis, j'en ai déjà marre. Je veux de vrais aliments, je n'y arrive plus.

Dukan se finit mal, et en moins de deux mois, je reprends tous les kilos perdus dans la souffrance. Mais ça ne me décourage pas. J'en teste immédiatement un autre.

La chrononutrition, le régime soupe au chou… mes nouveaux espoirs

2006 : je teste la chrononutrition, et cette fois, je suis sûre que c'est le bon régime, car mes parents, chez qui je vis, s'y mettent aussi (cela ne peut qu'être sérieux). Le principe : manger gras le matin, consistant le midi, sucré au goûter. Et pour le soir, rien du tout, ou ultraléger. Mais le règlement intérieur de cette nouvelle dictature que je m'impose ne s'arrête pas là : il faut également respecter des horaires de repas ultraprécis et ne pas y déroger. Le petit déjeuner doit être pris avant 8 heures de préférence, il faut impérativement laisser quatre heures entre chaque repas et ne pas manger après 20 heures. De plus, les quantités ne sont pas illimitées : il faut peser chaque aliment, chaque jour, peu importe où on est. Autant dire que les repas à l'extérieur sont restreints.

On commence ce nouveau régime avec entrain : c'est chouette ! On mange du fromage le matin ! Je savoure mon carré de chocolat à 16 heures tandis que mon petit frère se régale de pâte à tartiner. Le soir, c'est plus drastique : je fais souvent le choix de sauter le repas – pour maigrir plus vite, évidemment – et je m'oblige aussi à peser mes aliments après le dîner pour emporter juste ce qu'il faut au lycée.

Au bout de quelques mois, le fromage le matin me dégoûte, je rêve de manger de la confiture de mamie au petit déjeuner. Une fois de plus, je me sens frustrée : pas de sandwich avec les copines, je m'accroche à ma gamelle bien pesée, pas de dessert le midi, et le carré de chocolat se sent bien seul avec mon fruit, à 16 heures, après une longue journée d'école.

Je constate que, pour mes parents, c'est pareil : nous restreindre le soir commence à nous peser, nous mangeons de façon plus mécanique, sans écouter nos envies, en appliquant bêtement le programme. Et si cette fois, je peux manger du pain, je ne peux pas en manger quand je veux ni autant que je veux : je regarde, désespérée, le petit croûton de 50 g – pas une miette de plus – qui m'est autorisé à heures fixes. Vive la liberté ! Bien entendu, la faim me tiraille les entrailles et je me sens frustrée. Et puis, comme d'habitude, vient l'échec. Je n'avais pas perdu beaucoup, mais il a suffi de quelques écarts, de quelques restaurants en famille le soir pour réduire à néant les efforts passés.

J'essaierai aussi le régime « soupe aux choux », qui me vaudra de gros problèmes de digestion, des ballonnements ininterrompus et une haleine à réveiller un mort… (J'y reviendrai plus loin dans ce livre !)

De 2007 à 2016, je vacille entre régimes et prises de poids… De très nombreuses fois durant cette période, j'ai retenté le régime Dukan, mais aussi la chrononutrition, persuadée que le problème ne venait pas des régimes, mais de moi : c'était ma faute, je n'étais pas capable de « tenir » alors que les autres y parvenaient.

Chaque nouvelle tentative était « la bonne », ce n'était qu'une question de volonté. Et ça s'est toujours terminé de la même façon : une cuillère à soupe dans un pot de Nutella…

LA CULPABILITÉ

En 2013, j'ai 25 ans, je vis seule, je passe mon temps à sauter les repas, puis à me goinfrer au repas suivant. Mon estime de moi-même est aussi élevée que ma motivation, a contrario, la balance,

elle, atteint les 87 kg – je n'ai jamais voulu me peser au-delà de ce chiffre. Je n'ai jamais été aussi grosse, pourtant, je passe ma vie à « faire attention » ; pourtant, chaque lundi, « je suis au régime » ; pourtant, je vous jure, je ne comprends pas, je ne mange jamais de féculents. Je ne mange presque rien, enfin, je ne mange presque rien devant les autres…

Bien souvent, lorsque vous n'atteignez pas votre objectif de perte de poids, vous n'imaginez pas que le régime puisse être inefficace. Si ça ne marche pas, c'est VOUS, le problème. Parce que VOUS n'êtes pas assez motivée, VOUS n'êtes pas assez courageuse, assidue, volontaire… Bref, si votre poids fait le yo-yo, votre confiance en vous fait une chute libre, bien plus rapidement que les kilos. Chaque perte ou prise de poids a un impact sur notre corps, et sur la mémoire que nous avons de notre corps : nous finissons par ne plus nous connaître.

UN CERCLE INFERNAL

Vous l'aurez compris, chaque fois, c'est la même histoire : un nouveau régime ? Je suis motivée à bloc, je perds du poids, je suis contente, je veux perdre plus de poids encore, alors je serre la vis, finalement je craque, je ne parviens pas à supporter la torture psychologique qu'implique un régime, et je reprends le poids perdu avec un petit bonus.

En fait, à cette époque, j'ai gagné une chose : je suis passée maître dans l'art de tomber, de me relever, de recommencer avec le même objectif : tomber à nouveau et repartir tête baissée dans le dernier régime tendance !

C'est ce qu'on appelle le « cercle vicieux » : plus tu fais de régimes, plus tu perds du poids, plus tu veux en perdre, plus tu craques, plus tu en reprends… et forcément, les kilos repris, tu veux les reperdre, alors tu recommences…

Inefficacité des régimes : 3 effets pervers

Quel que soit le régime entrepris, on retrouve systématiquement les mêmes ressorts, fondés sur des règles très strictes – et souvent aberrantes –, et une absence totale d'écoute de son corps. Chaque fois, on reprend du poids avec un petit bonus de kilos, et ce, pour trois raisons :

L'EFFET PRIVATION « À VIE »

Si les magazines regorgent de « régime express / 2 semaines avant l'été / moins 5 kg », ils oublient d'ajouter : « 2 semaines pour tout reprendre et plus si affinités. »

Donc, mesdames, si vous commencez un régime, sachez qu'il faudra le suivre à vie ! Et ce, même lorsque certaines méthodes proposent une phase de « stabilisation ». Si vous ne suivez pas cette consigne, vous reprendrez très vite vos anciennes habitudes, donc vos kilos !

L'ABSENCE D'ÉDUCATION ALIMENTAIRE

Les régimes ne vous aident pas à comprendre les catégories d'aliments, ni même vos besoins nutritifs, ils ne vous disent pas non plus quelles quantités sont nécessaires pour « vous ». Si vous avez des « aliments à peser » en dehors de votre balance, face à un buffet à volonté, saurez-vous ce qui est suffisant pour tenir jusqu'au dîner ?

Les régimes vous éloignent de votre corps, de vos sensations et de vos besoins élémentaires. Ils ne vous apprennent pas à bien manger, mais à « bien manger selon la méthode X » : pour le Dr Dukan, ce sont les protéines ; pour le régime poudre, il ne faut consommer qu'un seul vrai repas par jour ; pour le régime Atkins, il faut supprimer le sucre ; etc.

Pensez-vous que vous avez les mêmes besoins que votre mari ou votre mère ? Les régimes sont tous composés de la même façon, une méthode générique pour tous. Pourtant, nous sommes différents, tout comme nos besoins alimentaires.

Mon conseil : consultez un professionnel de l'alimentation pour vous aider à mieux connaître votre corps et ses besoins. Comprendre le contenu de votre assiette est la meilleure méthode pour commencer à vous connaître.

L'EFFET FAMINE

Si je vous ai parlé de « cercle vicieux » quand vous commencez un régime, c'est parce que bien souvent, vous mangez moins que les besoins de base de votre corps. Si en plus de ça, votre perte est trop lente, vous allez automatiquement réduire vos quantités pour accélérer la perte de poids.

Votre corps va quant à lui se mettre en mode « famine ». Il s'agit d'un système de survie que nous avons tous qui consiste à stocker tout aliment passant dans notre corps. Notre organisme a conservé ce réflexe ancestral, car autrefois les périodes de disette étaient fréquentes ! Ceci explique notamment pourquoi on peut mettre trois mois pour perdre cinq kilos et seulement deux semaines pour en reprendre sept !

Pour ces trois raisons, il est donc important d'avoir une alimentation équilibrée et suffisante selon nos besoins individuels. Au-delà du régime ou de la perte de poids, il faut avant tout se sentir bien dans son corps et lui fournir tout ce dont il a besoin au quotidien. Et ça, je vous le garantis, ça s'apprend. J'y reviendrai !

QUANDMAIGRIR va trop loin

Dans ma quête de minceur, entre l'arrêt du régime Dukan et le début du régime suivant, je suis allée bien au-delà de ce que mon corps était capable de supporter.

Le régime Dukan m'avait fait perdre beaucoup de poids, à tel point que je flottais dans mes jeans. Mais par rapport aux filles des magazines, je me trouvais toujours trop grosse, et mon objectif Kate Moss était bien loin : il me fallait perdre encore des kilos ! Seulement, j'avais de plus en plus de mal à résister aux viennoiseries, aux gâteaux, au chocolat...

Un soir, en rentrant des cours, je craque, sur une, puis deux, puis trois tartines de Nutella. Partie comme je suis, j'enchaîne avec une boîte de ravioli, un reste de cannelloni et un fond de pot de glace... peu importe l'ordre, de toute façon dans l'estomac, tout se mélange !

Je me souviens alors d'un reportage que j'ai vu à la télé sur les troubles du comportement alimentaire (TCA) : on y voyait des filles anorexiques, mais aussi une jeune femme de 20 ans, atteinte de boulimie vomitive. Dans l'interview, elle explique qu'elle aime manger, qu'elle a besoin de manger ; puis on la voit rentrer chez elle à toute vitesse après un restaurant entre amis. Là, elle fait une « crise » : elle mange, elle mange jusqu'à se rendre malade... Puis elle file aux toilettes pour se faire vomir. Dans le reportage, elle donne même une astuce pour que « tout ressorte facilement »... Bon, contrairement aux journalistes de ce reportage, je vais bien me garder de partager cette astuce avec vous ! Cette émission était sans doute censée dégoûter ou interpeller les téléspectateurs, elle m'a donné le mode d'emploi pour aller plus loin dans ma quête de minceur...

Ce soir-là, j'ai vomi tout ce que j'avais mangé.

JE DEVIENS BOULIMIQUE VOMITIVE

À cette époque, je vis encore chez mes parents, mon père est ambulancier et il rentre rarement avant 20 heures, ma mère est infirmière, elle fait des postes et revient à la maison vers 19 h 30. J'ai donc tout le temps pour manger après les cours. Par chance, j'ai un petit frère sportif, connu pour son bon appétit. Ma mère remplit donc les placards en conséquence, sans se rendre compte que c'est moi qui vide les stocks...

Au départ, c'est juste « pour une fois », juste pour compenser cet écart dans mon régime. Mais mon corps, à qui j'ai imposé une longue privation, réclame encore du sucre. J'en ai de plus en plus envie, et le lendemain, rebelote, je mange jusqu'à l'insupportable. Et je me fais vomir.

Jour après jour, une mécanique s'installe : dans la journée, je me restreins face aux autres, et le soir, quand je suis seule à la maison, je me goinfre en rentrant du lycée : pain, fromage, chocolat, ravioli en conserve, crème fouettée... Tout ce qui est « mal », je le mange, sans en sentir le goût, sans en apprécier les saveurs, d'ailleurs on ne peut pas dire que je « mange » : j'engouffre, je me goinfre, je me remplis, sans ordre ni but. Ma seule contrainte est de faire ça vite, avant que quelqu'un n'arrive.

Quand la journée de cours est terminée, je ne pense qu'à une chose : qu'est-ce que je vais bien pouvoir manger ? Je me dépêche de rentrer, ça me hante, c'est le moment important de ma journée. Mais si ma mère est déjà à la maison, c'est le drame, je deviens de mauvaise humeur, irritable. Elle gâche mes plans : comment je vais faire pour m'empiffrer ? Et si je ne peux pas tranquillement me faire vomir, à coup sûr je vais grossir... Je ne pense qu'à ça, alors je ruse... Je mange dans ma chambre, je cache les paquets de biscuits, je vomis parfois dans un sac et je jette le tout le lendemain, à la poubelle de l'arrêt de bus.

Bien entendu, ma perte de poids est vertigineuse, et mes parents commencent à s'inquiéter. Pour me justifier, je leur parle d'un énième régime. Ce petit manège dure deux mois environ.

Un soir, personne à la maison, je fais ma petite affaire. Mais je n'ai pas entendu ma mère rentrer des courses. J'ai pris l'habitude de mettre le son de la télé assez fort pour couvrir les bruits quand je suis aux toilettes. Elle me voit sortir des toilettes, les yeux rouges : elle comprend tout de suite.

Comme je vous le disais, elle est infirmière, alors elle me parle des TCA, ces troubles du comportement alimentaire, et des risques pour ma santé et mon corps. Ce qu'elle me dit, je l'avais vu dans le reportage, mais l'envie de maigrir était bien plus importante que ma santé. Elle me parle bien sûr des problèmes d'estomac, de digestion, de malaise, de manque d'énergie, de vertige. Tout ça, je l'avais remarqué. Mais elle me parle aussi de perte de cheveux, de l'émail des dents qui se fissure à cause de l'acidité des sucs gastriques, de la peau terne, des dérèglements hormonaux, des problèmes de fertilité... Je pleure, car je comprends tout ce qu'elle me dit et prends la mesure des risques que j'encours. Seulement, je ne veux pas grossir à nouveau.

Et là, je peux dire merci, merci à mes parents d'avoir été là pour m'écouter, d'avoir toujours été présents, patients, d'avoir veillé sur moi, même dans les moments les plus difficiles. Je n'ai pas été une adolescente facile à gérer – fugue, scarification, crises multiples, rejet des autres –, je peux vous dire qu'ils en ont vu de toutes les couleurs avec moi (OK, je pleure au moment où j'écris ces lignes), et avec le recul, je sais à quel point j'ai de la chance de les avoir. J'espère qu'un jour je serai une aussi bonne mère que mes parents l'ont été avec mon frère et moi.

Le lendemain, mon père vient me parler à son tour. Je ne me souviens plus de ses mots, mais de sa conclusion : je n'ai plus le droit de fermer la porte des toilettes, je dois la laisser entrouverte. Ma mère, quant à elle, s'arrange pour travailler les matins pour être à la maison quand je rentre du lycée. Mais plus on me surveille et plus je suis exécrable. Je décide très vite de ne plus manger, en tout cas de limiter au maximum ce que je mange... Je vais même jusqu'à me forcer à aller aux toilettes après chaque repas pour « évacuer » autrement qu'en vomissant. Il ne faut pas quelques semaines pour que mes parents s'en aperçoivent et m'interdisent cette fois d'aller aux toilettes après avoir mangé.

LE DÉCLIC

Je me souviens du jour où ma mère m'a offert une tarte au chocolat blanc. C'est sans doute un événement anodin quand on n'a pas de trouble alimentaire, mais pour moi, c'était un choc.
Peu de temps après leur découverte de mon petit manège aux toilettes, ma mère m'a emmenée faire les magasins – ce qu'elle déteste –, elle m'a offert un super joli sac blanc, puis m'a proposé de prendre un goûter. Je la revois avec ses yeux rougis, me demandant de prendre un gâteau, pour lui faire plaisir... Ma mère n'est pas très démonstrative et lorsque je la vois, devant l'étalage de gâteaux, avec les yeux humides, cela me donne envie de pleurer à mon tour. Je comprends que je suis tombée bien bas, ou plutôt partie très loin du bonheur... En parler aujourd'hui m'émeut encore beaucoup. À cette époque, ce n'est pas l'amour fou avec ma mère, nous sommes même plutôt distantes, alors ce geste-là, cette démonstration d'amour à sa façon, ce regard, je le vois encore, il me noue la gorge plus de dix ans après, ce n'est pas qu'une pâtisserie qu'elle m'offre à ce moment-là, elle étale juste son cœur de maman brisée par le mal-être de son enfant ; ce n'est pas une simple pâtisserie, mais une scène d'amour qui se déroule ce jour-là.

Elle a pleuré ce jour-là en me voyant déguster ma tartelette chocolat blanc-framboise, à la Brioche dorée du centre commercial d'Hénin-Beaumont. Et j'ai pleuré à mon tour, en réalisant que ce que je m'infligeais, je l'infligeais aussi à ma famille, et aux gens que j'aime.
Ce jour-là, j'ai eu un déclic.

Petit à petit, j'ai repris une alimentation normale. Par chance, ma période de boulimie a été de courte durée : à peine trois ou quatre mois avant que mes parents n'interviennent. J'ai été accompagnée ensuite par un psychologue et réellement entourée par ma famille.

LA COURSE À LA MINCEUR N'A PAS DE LIGNE D'ARRIVÉE

Les régimes fonctionnent bien sur une courte durée, mais souvent, il est impossible d'aller au bout du processus, car notre corps et notre esprit ne sont pas faits pour être contrôlés H-24 : contrôler chaque aliment que vous mangez, c'est contrôler votre vie. Et cela, c'est impossible, car ce n'est pas la vie.
Les TCA commencent bien souvent à partir d'un détail : une remarque, un reflet, une couverture de magazine, un régime qui dérape... Le fait même de dire à quelqu'un « tu as maigri, tu es jolie », c'est associer la beauté à la minceur et signifier que c'est par la minceur que l'on devient belle. Seulement, maigrir n'est pas facile, et tout ce qui nous entoure a une influence sur l'image que nous avons de nous.
Depuis le plus jeune âge et au-delà, nous sommes soumis à une image « parfaite » relayée par la télévision, les magazines, et maintenant les réseaux sociaux ; l'impression que si nous ne ressemblons pas à cette image, nous ne sommes pas « assez bien ». Mais savez-vous que les filles des magazines ne ressemblent pas aux filles des magazines ? Que les images qu'on nous envoie à longueur de temps sont retouchées ? Tout cela n'est pas la réalité.
Quand vous commencez à vouloir maigrir, c'est que vous êtes déjà touchée par cette pression, sur les femmes mais aussi sur les hommes, cette pression constante du « tu vas tout manger ? » à la cantine du boulot, du « c'est pas bon pour ce que tu as » quand on prend un dessert au restaurant, du « désolé, on va jusqu'au 40 » quand on fait les boutiques. C'est cette impression d'être hors normes qui nous pousse à nous contrôler de façon permanente.
Ça commence par un régime, donc, puis comme on l'a vu plus tôt, au bout d'un moment, votre corps se met en mode « famine » et stocke tout ce que vous mangez par peur de manquer. Moins vous mangez plus votre corps stocke ; plus il stocke, moins vous maigrissez ; moins vous maigrissez, moins vous mangez. Au final, vous vous retrouvez à picorer des légumes crus, à compter les feuilles de salade sur une application de calories, jusqu'au jour ou vous arrêtez de vous nourrir car c'est la seule façon que vous avez trouvée pour maigrir.
Ça paraît fou, eh bien non ! Quand on est malade, on ne s'en rend pas tout de suite compte, on n'est jamais assez bien et on en veut toujours plus, et puis on maigrit, mais on a toujours de la cellulite alors que les filles sur les affiches n'en ont pas, elles... Alors on continue, on continue parce qu'on veut ressembler à ces corps irréels qui inondent la télévision et le Net. Voilà comment on passe de « je veux juste perdre cinq kilos » aux TCA.

Qu'est-ce que les TCA ? Comment s'en sortir ?

Les TCA sont des troubles du comportement alimentaire qui regroupent plusieurs pathologies d'ordre alimentaire, dont les plus connues sont l'anorexie et la boulimie. Comment différencier une envie intempestive de grignoter d'une véritable boulimie, un appétit d'oiseau d'une anorexie ?

IL EXISTE DIFFÉRENTS TYPES DE TCA :

• **L'anorexie mentale :** c'est le refus de manger malgré la faim, elle entraîne une perte de poids très importante. On peut aussi être alerté lorsque la personne prend des diurétiques pour compenser des prises alimentaires ou n'accepte de consommer qu'un type d'aliment, en toute petite quantité.

• **L'hyperphagie :** c'est le fait de manger de façon disproportionnée, au-delà de sa faim, sans satiété et de façon régulière.

• **La boulimie :** c'est le fait de manger beaucoup et rapidement pour ensuite se faire vomir.

• **L'orthorexie :** c'est le fait d'être obsédé par la *healthy life*, le « manger sain », de peser, compter et surveiller chaque aliment que l'on mange.

COMMENT DÉTECTER UN TCA ?

1. Observez la quantité d'aliments ingérés, ainsi que les stocks des placards : si les quantités sont anormalement faibles ou, au contraire, anormalement importantes, il peut y avoir lieu de s'inquiéter.
2. L'obsession de la balance : si vous constatez que la personne se pèse systématiquement après chaque repas, ou plusieurs fois par jour, ce peut être un signe d'alerte.
3. Les personnes atteintes de TCA se cachent très souvent pour manger : si vous trouvez régulièrement des boîtes de gâteaux dans un endroit non approprié, comme le dessous d'un lit ou le fond d'une penderie, cela peut correspondre à un symptôme de la maladie.
4. Le sport à outrance, notamment après un repas pour « compenser » de façon excessive par peur de grossir peut être un aspect important des TCA.
5. Dans le cas de l'anorexie, vous pouvez constater que la personne calcule précisément les calories et les quantités qu'elle ingère. Elle consacre par exemple beaucoup de temps à lire les étiquettes de tous les emballages lorsqu'elle cuisine ou fait ses courses.

QUE FAIRE SI ON PENSE QU'UNE PERSONNE EST ATTEINTE DE TCA ?

Les symptômes décrits ci-dessus peuvent vous aider, mais il faut absolument passer le relais à un professionnel. Surtout, n'intervenez pas vous-même, des mots ou des remarques comme « tu n'as pas un peu trop maigri ? » peuvent aggraver la situation, même si vous ne pensez pas à mal ce que vous dites.

Si vous pensez être directement concernée, un psychologue, un diététicien ou un médecin spécialisé en troubles du comportement alimentaire pourra vous aider à prendre conscience du mal qui vous ronge et de celui que vous vous faites, même inconsciemment.

Croyez-moi, demander de l'aide n'est pas une preuve de faiblesse, bien au contraire ! C'est une preuve de grand courage. Et surtout, gardez espoir : prendre conscience qu'on a besoin d'aide est déjà un grand pas vers la guérison.

OBSESSION DE LA BALANCE :

comment s'en détacher

Au départ, tout commence par là : un chiffre.
Parfois c'est un déclic, une honte, une révélation, et puis quelques larmes et l'envie de faire baisser ce chiffre. On n'y déroge pas, quand on veut maigrir et même quand on ne veut pas, on se pèse, pour voir si nos efforts paient, pour savoir si on va pouvoir manger une pizza ce soir, pour vérifier si nos deux heures de sport ont produit leur effet… ou non.

BALANCE AMIE, BALANCE ENNEMIE

La balance, initialement censée être un allié pour se motiver, peut très vite devenir un objet obsessionnel : elle indique simplement un chiffre, et pourtant, elle devient peu à peu la « Miss météo » de notre humeur. Elle trône en évidence dans la salle de bains, et si l'aiguille penche sur la droite le matin, c'est le moral dans les chaussettes assuré pour la journée.

Lorsque j'étais en permanence au régime, je me pesais chaque matin, pour vérifier de façon « objective » que j'étais sur la « bonne voie ». À l'époque, je me fichais de savoir si je perdais du muscle, de l'eau ou de la graisse, l'essentiel était que ce foutu chiffre descende, et le plus vite possible.

Et puis je me mettais bien entendu à stagner, et ma meilleure copine, la balance, affichait de mauvaises nouvelles… nos relations devenaient plus conflictuelles. Peu importait ce que je voyais dans le miroir, si le chiffre de mon poids n'était pas celui espéré, je détestais mon reflet, c'était inévitable.

Quand ce chiffre vous pourrit la journée, quand ce chiffre décide si vous êtes belle ou non, quand

Tenir un journal de bord

Voici un petit rituel efficace pour comprendre la fameuse phrase : « Je ne comprends pas, je fais attention et je grossis quand même ! »
Notez chaque jour ce que vous mangez, notez aussi si la journée a été stressante ou agréable et découvrez si vous « mangez vos émotions », si « vous mangez plus que vous ne le pensiez », etc. Vous pouvez présenter ce journal sous forme de tableau, avec les colonnes suivantes : heure du repas, menu, humeur, sensation avant, pendant et après le repas (aviez-vous faim ? étiez-vous stressée ? avez-vous déboutonné votre jean après le repas ? vous sentiez-vous frustrée ou au contraire sereine ?). Il est important aussi de noter le temps que vous vous êtes accordé pour manger, car le signal de la satiété met vingt minutes pour cheminer de l'estomac au cerveau. Cet indicateur vous permettra, entre autres, de faire le lien entre vos sensations après le repas et le temps que vous aurez passé à manger.

HEURE DU REPAS	CE QUE VOUS AVEZ MANGÉ	AVEZ-VOUS APPRÉCIÉ VOTRE REPAS?	COMMENT VOUS SENTIEZ-VOUS AVANT DE MANGER ?	COMMENT VOUS SENTIEZ-VOUS APRÈS AVOIR MANGÉ ?	COMBIEN DE TEMPS VOTRE REPAS À T-IL DURÉ ?

ce chiffre peut transformer vos humeurs, alors cela signifie que la balance est devenue votre ennemie. Il est temps que vous vous en détachiez, votre bonheur ne doit reposer sur personne, et encore moins sur un pèse-personne.

Lorsque j'ai commencé la musculation, j'ai pris du poids et ma silhouette s'est affinée. Mais je me détestais de plus en plus, toujours à cause de ce foutu chiffre qui ne collait plus à la réalité du miroir. Alors, qui croire ? La balance ou notre reflet ? Au fond de nous, on le sait : ce n'est pas le chiffre qu'elle indique, mais bien ce que nous ressentons qui importe, notre reflet. Au fond, on sait que le muscle pèse plus lourd que le gras, mais on n'arrive pas à se détacher de cet « outil ». Pourquoi ? Par peur de retomber dans nos travers si on arrête de se peser ? Peur de reprendre nos mauvaises habitudes, et les kilos qui vont avec ? On a beau savoir tout ça, on a beau se sentir mieux dans notre peau après une séance de sport, on continue de se peser malgré tout. En fait, se peser, c'est comme envoyer un message à son ex quand on est bourré : on sait qu'on va le regretter la minute suivante, et pourtant on le fait quand même !

COMMENT J'AI ROMPU AVEC MA BALANCE

La rupture avec ma balance s'est faite en un matin, peu de temps après la découverte du livre *Maigrir sans régime*[1] du Dr Zermati : un matin, je me suis levée, j'ai croisé mon miroir et je me suis trouvée canon. Oui, il faut le dire : je me suis sentie bien dans ma peau, mon reflet me plaisait, mes efforts étaient en train de payer, c'était indéniable.
Confiante et fière, je me suis dirigée vers ma balance, certaine qu'elle serait d'accord avec moi. C'était un peu comme si j'avais besoin qu'elle approuve mes impressions. Là, je me suis pesée, et rien ! Je n'avais pas perdu un gramme, pas un seul petit gramme (vous avez déjà eu cette impression, non ?). Du coup, j'étais belle ou j'étais une grosse vache ? Que devais-je ressentir ? Je me sentais bien ou pas ?
C'est à ce moment-là que j'ai compris qu'on n'était plus en phase, elle et moi : ma balance ne correspondait plus à ma réalité. Mon corps changeait et je n'avais plus besoin d'elle pour en être sûre ! Il était temps que je me fasse enfin confiance.

1 Jean-Philippe Zermati, *Maigrir sans régime*, Odile Jacob, 2011.

Face à la balance, posez-vous les bonnes questions...

Répondez par oui ou par non aux questions ci-dessous.

1. Le chiffre indiqué sur la balance définit-il le bonheur, selon vous ? Autrement dit, vous rend-il heureuse ou malheureuse, en fonction des jours ?

   ☐ Oui ☐ Non

2. Pensez-vous que de voir tel chiffre sur la balance vous rendra « canon » ?

   ☐ Oui ☐ Non

3. La balance est-elle plus fiable que le miroir ?

   ☐ Oui ☐ Non

4. Avez-vous tendance à vous peser tous les jours, voire plusieurs fois par jour ?

   ☐ Oui ☐ Non

5. Pensez-vous que les femmes qui ont atteint leur poids dit « idéal » sont forcément heureuses ?

   ☐ Oui ☐ Non

6. Si cela implique des sacrifices pour le reste de votre vie, êtes-vous prêtes à tout pour atteindre le chiffre idéal ?

   ☐ Oui ☐ Non

Si vous avez une majorité de « OUI », il est temps de reconsidérer votre rapport à dame balance ! Moi, j'ai fait mon choix : celui de vivre et de m'aimer telle que je suis, et plus seulement à travers un chiffre.

Trouver mon setpoint

IMC, SETPOINT : DIFFÉRENCE ENTRE POIDS IDÉALISÉ ET POIDS IDÉAL

Le calcul d'indice de masse corporelle (IMC) permet d'avoir une idée de la corpulence moyenne d'une population (attention, puisqu'il tient uniquement compte du rapport taille / poids, non de votre masse musculaire). En France, la moyenne se situe aux alentours de 23. Les mannequins dans les magazines et dans les pubs ont un IMC autour de 15 à 17. Certaines de ces filles font des régimes, d'autres non. Seulement voilà, il n'y a que 4 % des femmes de cette planète qui ont la même corpulence que les mannequins. Autrement dit, on rêve de devenir comme 4 % des filles, car celles-ci occupent 100 % des images dont on nous inonde, alors que 96 % de femmes sont différentes de ces corps de rêve ! Pour correspondre à cette image, il faudra se mettre au régime, voire s'affamer... C'est cela que vous voulez ? Votre « poids d'équilibre » – le setpoint, donc – est le poids que vous faites lorsque vous écoutez vos sensations de faim et de satiété. Il se fiche de votre IMC ! Si vous allez en dessous de ce poids pour ressembler aux filles des magazines, cela nécessite de vous restreindre À VIE !

6 ASTUCES POUR TROUVER MON SETPOINT

1. **Me rappeler que je n'ai plus 20 ans** (désolée, moi non plus, d'ailleurs). Le poids de mes 20 ans, c'était... quand j'avais 20 ans !

2. **Avoir conscience que mon corps a une mémoire.** Il se souvient des régimes que je lui ai fait subir, il a gardé en mémoire les périodes de restriction, et aujourd'hui il ne se fera pas aussi facilement avoir ! Perdre du poids à 40 ans est plus compliqué que lors de notre premier régime à 20 ans.

3. **Me frustrer à vie n'est pas la solution.** En terrasse, l'autre jour, il y avait une dame assez âgée, environ 80 ans, quand le serveur lui a demandé si elle prenait un dessert, elle a répondu : « Non merci, je fais attention à ma ligne, l'été approche. » Ça m'a fait mal au cœur, d'en parler, ça me donne presque envie de pleurer, parce que j'étais triste pour cette petite dame qui a sûrement passé toute sa vie au régime et n'aura finalement pas profité pleinement de chaque instant à cause des diktats de la beauté. Eh oui, les régimes, ça ne s'arrête jamais.
Je ne veux pas être cette dame, je veux être une mamie en bonne santé, mais une mamie libre de manger un gâteau si ça lui fait envie. Et vous, comment vous voyez-vous à 80 ans ?

4. **Manger lentement.** Il faut vingt minutes à l'estomac pour dire à votre cerveau : « C'est bon, copain, je suis *full*, tu peux lui dire de poser la fourchette ! » Alors, si vous mangez entrée / plat / dessert en moins de quinze minutes et que vous déboutonnez votre pantalon, c'est juste que votre estomac n'a pas eu le temps de vous prévenir que c'était TROP ! Posez votre fourchette et prenez le temps de mâcher entre chaque bouchée. Ça paraît bizarre au début, mais ça devient très vite un réflexe.

5. **Me dire que le chocolat sera toujours là demain.** En écoutant vos sensations, vous allez aussi découvrir qu'il restera du chocolat demain (et que vous y aurez droit !). Par conséquent, vous n'êtes pas obligée de dévorer la plaque...

6. **Apprendre la patience.** Votre corps va peu à peu trouver ou retrouver son poids d'équilibre. Laissez-lui le temps, sans le stresser, sans le gaver ni le frustrer.

TEST

Êtes-vous objective avec votre poids ?

Vous faites un petit 38, mais, c'est plus fort que vous, vous achetez systématiquement du 42... à moins que ce ne soit le contraire ? Faites le test pour découvrir si vous vous voyez telle que vous êtes... ou pas !

1. NUE FACE À VOTRE MIROIR :

● Vous vous trouvez plutôt jolie, mais bon, faut pas trop regarder les fesses...

★ Vous jetez parfois un rapide coup d'œil. Cela fait longtemps que vous avez relégué vos complexes au fond du placard.

■ Nue ? Jamais de la vie. Déjà que vous vous trouvez affreuse avec un slim noir et un pull qui descend jusqu'aux genoux...

2. VOUS ENTREZ DANS UNE BOUTIQUE DE VÊTEMENTS, VOUS DEMANDEZ À LA VENDEUSE :

● Un 38-40, et c'est généralement ce qui vous va.

★ Un 42, mais vous trouvez souvent que ça taille vraiment petit.

■ Vous ne lui demandez rien du tout, car s'il vous arrive d'acheter un vêtement, vous préférez éviter l'épreuve de la cabine.

3. ON VOUS FAIT UN COMPLIMENT SUR VOTRE JOLI DÉCOLLETÉ :

● Ça vous donne le sourire. Ah ! si seulement on pouvait dire la même chose de vos fesses !

★ Vous le répétez à votre meilleur ami pour lui prouver qu'il a tort : il vous a fait remarquer que vous devriez « faire un peu attention ».

■ Vous rougissez, et vous tirez sur la maille de votre gilet pour cacher votre décolleté.

4. À LA CAFÈT', UNE COLLÈGUE VOUS FAIT UNE REMARQUE SUR VOTRE LIGNE : « T'AS PAS UN PEU FORCI ? »

● Vous posez aussitôt votre fourchette. Elle a dû dire ça à cause de vos hanches.

★ Vous lui répondez que vous assumez parfaitement vos rondeurs « curvy ».

■ Elle doit avoir raison. Dès ce soir, c'est salade verte pendant un mois, et pull XXL pour cacher la misère !

5. DANS LA RUE PASSE UNE SYLPHIDE-BRINDILLE...

● La vache ! Le joli petit cul ! J'en rêve !

★ Mouais... Si elle a 25 ans, c'est le bout du monde. On en reparlera quand elle aura mon âge.

■ Vous vous dites que vous allez finir célibataire.

6. LA PARTIE DE VOTRE CORPS PRÉFÉRÉE :

● Un peu tout... sauf les fesses !

★ Mes seins, ils sont généreux !

■ Mes yeux, et encore...

7. UNE FILLE QUI MESURE 1M60 ET PÈSE 85KG...

● Euh... elle doit quand même être vraiment ronde... son poids dépasse de 25 les centimètres de sa taille !

* Ça ne me choque pas : bien réparti, ça peut être joli.

■ Je ne me pèse jamais, donc je ne me rends pas trop compte.

8. UNE FILLE QUI MESURE 1M60 ET PÈSE 60KG…

● Elle doit avoir de jolies formes dans un jean.

* Quelle horreur, c'est un squelette !

■ Si seulement je pouvais être comme elle…

9. AVEZ-VOUS DÉJÀ CALCULÉ VOTRE IMC ?

● Oui, et il est tout à fait normal.

* Oui, chez le médecin, mais il n'a pas tenu compte de ma carrure. On a de gros os dans la famille…

■ Non, j'aurais trop peur du résultat.

10. VOTRE TOUR DE TAILLE EST…

●… inférieur à la moitié de votre taille, donc c'est tout bon (mais il ne faut pas trop regarder du côté des hanches !)

*… supérieur, mais avec une jolie poitrine, pourquoi pas ?!

■… sans doute supérieur. Je ne sais pas.

VOUS AVEZ UNE MAJORITÉ DE ●

Respirez ! Vous êtes belle telle que vous êtes !

Vous semblez avoir un œil objectif sur votre silhouette, et vous êtes assez détendue face à l'image que vous renvoie le miroir… à un petit détail près ! Il y a une partie de votre corps que vous n'aimez vraiment pas, et vous avez tendance à vous focaliser sur celle-ci.

Au fil des pages de ce livre, j'espère que vous apprendrez à aimer votre corps tel qu'il est. Vous n'êtes pas parfaite ? Mais personne ne l'est ! Pas même ce mannequin photoshopé que vous admirez sur les couvertures de magazine…

VOUS AVEZ UNE MAJORITÉ DE *

Considérez vos rondeurs à leur juste valeur !

Vous vous aimez telle que vous êtes, bravo ! Mais si votre médecin vous a alertée au sujet de votre poids, il est important de l'écouter : l'apparence, ce n'est pas tout, et votre corps a également besoin d'être chouchouté pour rester en bonne santé. Vérifiez votre tour de taille, apprenez à connaître également votre taille réelle en magasin, et demandez à votre médecin un check-up complet pour voir où vous en êtes vraiment niveau santé.

Manger équilibré, sans s'imposer de régime drastique, c'est aussi faire du bien à son corps et adopter un poids de forme adapté à sa carrure, à son âge et à sa taille.

VOUS AVEZ UNE MAJORITÉ DE ■

Apprenez à dire je t'aime…

Vous êtes sans doute belle comme un cœur, encore faut-il réussir à vous entrevoir sous les vêtements XXL qui vous camouflent et la frange qui cache vos beaux yeux. Levez le menton, et dites-vous « Je t'aime ! ». Vous le méritez.

J'espère redonner le sourire à votre corps au fil de ces pages : non, vous n'êtes pas grosse, et si la vendeuse vous dit que vous faites un 38-40, c'est que vous faites un 38-40, et non un 46-48 !

du body shaming au
BODY POSITIVE

LE JOUR OÙ J'AI DÉCIDÉ

de m'aimer telle que je suis

Pour celles qui auraient loupé des pages dans le manuel *Apple Pie* de 3e C, *shame* signifie « honte ». Et la honte, je peux vous dire que je l'ai ressentie plus d'une fois, notamment en naviguant sur Internet, de blog en blog, de salade verte en salade verte... Le déclic s'est fait en trois temps :

1. J'ai décidé d'arrêter les régimes, et je vais vous dire pourquoi.
2. J'ai décidé d'arrêter de me faire du mal sur le Net en matant toutes ces filles filiformes.
3. J'ai découvert un tout autre monde, sur Internet : l'univers du « Bodypositive ».

Admirez comme je suis mince ! Je rentre dans un 36, je suis fière (en apparence), mais suis-je heureuse et en bonne santé pour autant ?
Nous sommes début 2015, et je vis avec mon mari dans un petit appartement à Strasbourg. Je mange chaque soir de la soupe au chou, pour son goût, mais aussi son effet sur mes intestins – je pète toute la nuit (OKLM) et je me réveille parfois, car j'ai la diarrhée, si je ne vais pas aux toilettes ça m'angoisse, il faut que ça sorte et vu que je me refuse à vomir, et repartir dans mes anciens démons, je me focalise sur une autre sortie...

C'est pas glamour ? Mais c'est ce qui se passe dans les chaumières, quand la porte se referme et l'appareil photo s'éteint. C'est tout ce que vous ne voyez pas derrière une *morningshape* parfaite, un selfie en sous-vêtements et un sourire de façade. À cette époque, mon mari est en déplacement la semaine, et le week-end, je suis toujours de mauvais poil, car pour le bien-être de mon couple, je ne mange pas ma fameuse soupe au chou à partir du vendredi, alors je ne vais pas aux toilettes comme d'habitude, je n'évacue pas, et c'est très contraignant, j'ai presque hâte qu'il reparte pour reprendre mon train-train rassurant.

Mes calories, je les calcule grâce à une application sur laquelle je passe mon temps, elle indique 1200 calories comme objectif (en sachant qu'une femme sédentaire a besoin de 1500 calories minimum, et que je ne suis pas du tout sédentaire). Mon but : être en dessous. Alors je jongle, en enlevant 10 g par-ci par-là, je mange du fromage blanc 0 % quand j'ai faim (que je pèse aussi) et je me persuade même que c'est bon.

Je pense « bouffe », je cours pour maigrir, je n'ai aucune notion de plaisir dans le sport ou dans mon assiette, qui est d'ailleurs une assiette à dessert pour ne pas avoir l'impression de manger peu…
Sur mon compte Instagram, on me dit que je suis courageuse, que j'ai bien maigri, qu'on aimerait avoir mon courage. Moi je l'avoue, je suis fière, mais peut-être que si vous saviez qu'à l'époque je priais dans le tram pour ne pas me faire caca dessus tellement j'avais mal au ventre, à cause de cette soupe… Mes collègues de l'époque vous le confirmeront, Justine et son fameux « toi, t'as envie de faire caca » juste après le repas, tellement j'étais gonflée ! Si vous saviez que j'étais sûrement trop épuisée pour profiter de ce corps dans l'intimité, peut-être m'auriez-vous trouvée plus triste que courageuse…

JE DÉCIDE D'ARRÊTER LES RÉGIMES

En juin 2016, après un énième régime, je reviens à mon poids d'équilibre, 71 kg pour 1,71 m. J'en ai marre de faire le yo-yo avec mon corps… Je délaisse donc mes jeans en 36 pour reprendre ceux en 40 / 42. J'ai la sensation d'avoir deux corps : l'un qui se brime et l'autre qui veut s'exprimer. D'ailleurs, dans mon appart', j'ai deux penderies, une pour mes 42, une pour mes 36…
Bien entendu, malgré ce ras-le-bol, ma petite voix de culpabilité m'ordonne de ranger ce corps affreux et gras et de retourner bien vite dans la zone 36.
Je contacte alors Maxence, un ami coach à Lille, qui me propose un programme alimentaire accompagné. En parallèle, je commence le CrossFit – j'y reviendrai dans le chapitre « Sport ». À ma demande, il me concocte un programme, qui n'a rien de compliqué. Seule contrainte : je dois peser tout ce que je mange. Cependant, ce régime sera sans doute un peu différent puisque je compte y associer le sport à ma démarche : je veux prendre du muscle, et non pas maigrir pour maigrir.
Première semaine, j'applique le programme à la lettre. Le vendredi, au lieu de l'apéro habituel que je prends avec mon mari, je me prépare une assiette de crudités et de protéines, pesée au gramme près. Le matin, c'est porridge de 40 g avec un peu de beurre de cacahuète, je peux grignoter quelques amandes et une pomme entre les repas si j'ai faim, ma gamelle du midi, et mon repas du soir n'y échappent pas : la pesée ! Je n'écoute pas ma faim ou ma satiété : je dois manger ce que j'ai pesé, ni plus ni moins.
Et c'est là que je comprends enfin ce qui me saoule dans les régimes, quels qu'ils soient : c'est la dictature. Je n'ai pas le droit de manger un bout de fromage sans le peser si j'en ai envie. Ce manque de liberté m'étouffe. La frustration de ne pas pouvoir faire ce que je veux, être dans le contrôle des émotions, des envies… Tout compter, tout calculer, tout vérifier, toujours, toute la vie…
Voilà, c'est décidé : je n'ai *plus* envie de maigrir, je ne dis pas que son programme est difficile, mais plutôt que mon envie d'être mince ne vaut pas la peine de compter mes amandes. Je ne veux *plus*

passer à côté des bons moments pour perdre deux kilos que je reprendrai aussi vite. Tout peser à vie ? Être obligée d'avoir faim jusqu'à mes 100 ans ? Programmer mes sorties en fonction des calories et de la pizza de la veille ? Tout ça, c'est terminé !
Je me souviens du message que j'ai envoyé à Maxence pour lui dire que j'arrêtais tout : « Je me sens assez bien dans ma peau pour ne plus m'infliger tout ça », lui ai-je écrit. Assez bien dans ma peau pour être heureuse sans attendre. À moi la liberté !

JE DIS STOP AU BODYSHAMING

Si le premier déclic a eu lieu, le monde n'a pas changé pour autant et me rappelle chaque jour que le diktat de la minceur est partout : partout je vois des publicités pour des régimes, des crèmes minceur, des pilules magiques... Sur les réseaux, les filles se lancent dans leur quête du « bikinibody » : avoir un corps superbe pour l'été. D'autres s'assurent qu'elles ont les hanches moins larges qu'un format A4. Sur ces mêmes réseaux, on les appelle les « toutes en sèche », c'est une façon *hype* de dire « au régime ». Il y a aussi les *shape*, ces photos de femmes dénudées qui montrent leur corps du jour... toujours plus mince, bien entendu... Tous ces liens sur ces réseaux envahissent mon fil d'actualité, je les lis malgré moi, et ça y est, je culpabilise à nouveau.
Je fais quoi, moi, dans tout ça, avec ma propre image ? Avec mon bon 40, mon gras, ma cellulite ? Je la gagne comment, la fierté du bikinibody ?! Je comprends que je ne vais pas m'aimer en un clic ou en un déclic. Je ne veux plus maigrir, certes, mais comment vais-je m'y prendre pour m'aimer réellement et complètement telle que je suis, sans passer par la case régime ? Une seule réponse possible : je vais devoir réapprivoiser mon corps pour ne plus en avoir honte et l'aimer une bonne fois pour toutes.

JE DÉCOUVRE LA BODYPOSITIVE ATTITUDE

J'effectue de tout petits pas pour me réapprivoiser devant le miroir. Avec le recul, je peux vous dire que tout ce travail sur la confiance et l'estime de mon corps (et de moi !) s'est fait progressivement, voire lentement. Chaque jour, j'y ai travaillé :

• J'ai fait le tri sur les réseaux sociaux : ciao les *fitgirls* culpabilisantes ; bye-bye fille au régime permanent, qui poste ses jus miracles et le chiffre de sa balance chaque lundi ; *hasta la vista morningshape*, fille sèche et salade de lapin ! Je découvre sur Instagram des filles qu'on appelle « Bodypositive », les « Bopo », notamment à travers le compte d'Ashley Graham. Ce mouvement, né aux États-Unis, consiste à aimer son corps tel qu'il est... exactement ce qu'il me faut ! Je découvre qu'il y a des filles comme moi, qui ont envie de se faire du bien et d'être heureuses dans leur corps. Si ce mouvement est très répandu aux États-Unis, il n'y a pratiquement pas de compte de ce type en France. Très vite, un petit groupe se crée, notamment avec **@me_versus_me_** et **@loli_fit**, toutes les deux sportives pulpeuses et bien dans leur peau.

• Je me regarde tous les matins nue dans le miroir : c'est mon nouveau rituel beauté. Je me sentais un peu stupide au début, mais très vite, j'ai pris l'habitude de me concentrer sur un truc cool : mon grain de peau, un petit muscle qui apparaît, ma jolie croupe, mes chevilles fines. En fait, j'arrête enfin de me dévisager dans le miroir comme une ado qui se cherche un point noir ; j'apprends plutôt à me regarder, comme une œuvre d'art. Et ça fait toute la différence. Chaque soir, je renouvelle l'opération, comme les volets d'une maison qu'on ouvre et qu'on referme sur un beau paysage : je veux prendre conscience que mon corps du matin et celui du soir sont différents et que c'est NORMAL.

• Niveau alimentation : je suis à l'écoute de mes besoins. Je mange quand j'ai faim, sans peser les aliments, et surtout je me fais plaisir quand l'envie se fait sentir, sans interdiction, selon les préceptes du Dr Zermati et de l'alimentation consciente.

• Niveau sport : je m'entraîne souvent, toujours par plaisir, je me débarrasse de ma montre compteuse de calories et je kiffe, tout simplement. Je laisse mon corps bouger et s'exprimer au gré de mes envies...

Le mouvement Bodypositive sur les réseaux sociaux

Le mouvement #bodypositive des nanas bien en chair assumant leurs formes existe depuis une dizaine d'années, principalement aux États-Unis. Les filles y valorisent leur corps, elles sont fières de se sentir belles et enfin épanouies.

Être bodypositive, c'est être bien dans son corps, peu importe si vous êtes grosse ou mince ! Ce mouvement n'a pas de taille, de couleur ou de nationalité, chacune d'entre nous peut s'y retrouver. Car si la plupart sont des filles « + size », leur discours s'adresse à toutes les filles. Première règle : lorsque vous découvrez le profil d'une fille bodypositiveuse, ne vous comparez pas à elle, ce n'est pas bodypositive, ça ! Aimez-vous telle que vous êtes et pas telle qu'on veut vous voir, ne vous laissez pas embobiner par les magazines, vous êtes belle, et prenez soin de vous !

• La prêtresse de ce mouvement est la mannequin Ashley Graham. Elle est sublime, elle rayonne, elle a de la cellulite, du gras, elle est bien dans sa peau et ça se voit : elle m'inspire beaucoup. Mannequin reconnue, suivie par plus de 4,5 millions de personnes sur Instagram, son succès est à la hauteur de son authenticité. Quotidiennement, elle partage des photos de galas, de soirées *hype*, mais aussi des clichés d'elle au réveil, sans maquillage. Son plus gros atout : elle refuse qu'on retouche ses photos ! Elle fait aussi beaucoup de sport, parce que oui, on peut être en chair et aimer suffisamment son corps pour lui permettre de s'exprimer. J'adore regarder ses vidéos de sport sur SnapChat, ça me rappelle que oui, on peut faire du sport pour soi, pour se sentir bien, sans rechercher la taille « zéro ».

• En France, on a notre Loli **@loli_fit** sur Instagram, une coach sportive pulpeuse, qui assume ces courbes, qui fait du sport au quotidien et partage ses vidéos sportives. Elle a récemment ouvert son studio de sport à Paris, Lolifit Studio, dans le XVIIe arrondissement.

• Megan Jayne Crabbe, plus connue sous le nom BodyPosiPanda, s'éclate sur Instagram. Megan est une ancienne anorexique. Elle raconte le laborieux parcours de sa maladie, comment elle en est sortie, et surtout comment, aujourd'hui, elle se sent plus heureuse et épanouie avec ses kilos en plus que lorsqu'elle était maigre. Elle partage ses coups de blues et ses délires, elle danse en culotte... Bref, elle assume et assure autant qu'une danseuse pro !

• Je vais vous présenter Valériane, alias **@valou_naturallypositive**, le compte bonne humeur. Elle est franche, sincère, elle n'a pas sa langue dans sa poche, et j'adore ça. Elle partage ses avis et ses ressentis, mais surtout elle danse en culotte ou en pyjama, sur des rythmes endiablés, assumant son corps et nous donnant envie d'en faire autant, avec le hastag #danseavecvalou.

• On entend parfois que c'est « simple » pour certaines d'être bien dans leurs formes, car elles ont ce qu'il faut là où il faut – des seins et hanches généreuses et une taille fine. Alors je vous présente Clémentine Desseaux, alias **@bonjourclem,** et Denise Bidot, **@denisebidot.** Elles sont mannequins « grandes tailles » pour de grandes marques de vêtements et de sport. Je m'identifie plus facilement à leur physique. En effet, elles ont des hanches mais aussi du ventre, comme moi, et pourtant elles posent en lingerie, en maillot de bain, elles portent des croptop et je les trouve si belles et inspirantes qu'elles me donnent envie de nous aimer, moi et mon petit bidon.

• Dans le même style, il y a Luciana, aka **@me_versus_me_**, qui met des mots sur nos maux. Jeune auteure française, c'est l'une des

premières personnes que j'ai suivies quand j'ai décidé de m'accepter, on s'est vu évoluer, on s'est vu grandir, c'est l'un de mes coups de cœur français, pour ce qu'elle est, pour ce qu'elle dégage et pour ce qu'elle ose. Elle nous pousse à nous aimer autrement qu'à travers notre physique, et la voir réaliser ses rêves me pousse à réaliser les miens. Elle est comme moi, elle a des hanches, un petit ventre aussi, et elle assume. Elle est si belle.

• Et puis il y a les filles minces qui prouvent que le Bodypositive touche tout le monde, comme Sophie alias **@elnawak**, qui a souvent été réduite à son physique avantageux, comme si être jolie l'empêchait d'être intelligente ou d'avoir des projets plus profonds que son sourire. Elle prouve que s'assumer passe aussi par le mental ; s'assumer, c'est croire en soi. C'est aussi l'une des premières à avoir cru en moi, en me disant que je devrais écrire un livre.

• Pour finir, Sandrine, aka **@sandymoioui.** Ce n'était pas comme qui dirait ma copine à nos débuts sur les réseaux, et puis je crois qu'un jour, nous nous sommes retrouvées sur le même chemin, celui de la gratitude, de la confiance, du Bodypositive. Mais pas seulement. Sandrine est plus qu'une « Bopo », c'est une inspiration quotidienne dans des réflexions profondes sur ce que l'on est, ce que l'on provoque, ce que l'on attire à soi, en ayant ou pas confiance en nous. C'est une maman imparfaite qui vous donnera des pistes pour faire de votre mieux avec vos enfants et avec votre corps. Une femme que j'admire beaucoup dans le tournant qu'elle a su donner à sa vie.

BIEN DANS SA PEAU, *bien dans ses vêtements*

Redécouvrir son corps, ça passe aussi par en prendre soin, le mettre en valeur et savoir le regarder tel qu'il est. Dans ma quête du Bodypositive, je me suis également attaquée à ma garde-robe : ce passage va vous remuer : asseyez-vous, il va y avoir du travail, les filles !

J'OUBLIE LES CHIFFRES ET JE FAIS DU TRI

Faire la paix avec son corps, avec son image, laisser de côté la balance, c'est aussi laisser tomber les chiffres, quels qu'ils soient.
Si peser 71 kg n'a plus d'importance pour moi, mettre du 38 ou du 44 devrait me faire le même effet. Mais les habitudes – et les diktats – ont la dent dure ! Avant c'était simple, si je ne rentrais pas dans un 42, je n'achetais pas de vêtements ! Impensable pour moi de dépasser cette limite que je m'étais fixée.

Alors évidemment, je trichais, parce que je n'allais pas sortir nue en ville, quand même : ma garde-robe était remplie de fringues avec élastique à la taille, leggings, pantalons usés entre les cuisses à cause du frottement, etc. Je tirais dessus, mais ça débordait toujours et ça donnait un effet « cupcake » : boudinée en bas, débordante à partir de la taille. Mais je mettais du 42, et c'était le plus important.

Pourtant, c'était stupide, il faut bien le dire, parce que personne ne va voir le numéro inscrit sur votre étiquette... Puis je me suis aperçue que j'avais l'air « plus grosse », « engoncée », « ridicule » dans mes jeans trop petits. Tous les regards étaient comme attirés par mes poignées d'amour que je mettais en valeur par ma phobie du chiffre. J'explosais mes jeans super skinny et mes hauts moulants. Véridique !

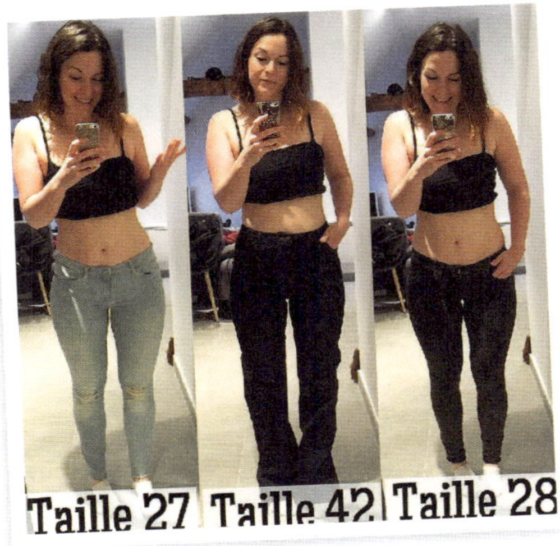

Quand j'ai compris – et accepté – que j'étais plus jolie et mieux dans ma peau avec des vêtements à ma taille, j'ai fait du tri dans mes placards. En culotte dans ma chambre, j'ai essayé TOUTE ma garde-robe, chaque fringue une à une, et les ai réparties en quatre catégories : « trop grand » « trop petit », « jamais porté », « ringard ». Je me suis ainsi rendu compte de plusieurs choses :

- je garde des trucs trop grands, « au cas où je grossirais » ;
- je garde des trucs trop petits, souvent jamais portés, « au cas où je maigrirais » ;
- je garde des trucs que je ne porte jamais ;
- finalement, je n'ai pas autant de fringues que ça.

Donc, si je dois rentrer le ventre pour porter une robe, tirer sans cesse sur ma jupe ou remonter mon pantalon chaque fois que je m'assois : next. Pour le reste, j'ai créé un compte sur un site de vente en ligne : j'y vends mes vêtements, et j'en achète de nouveaux, à ma taille, avec l'argent que j'ai gagné (astucieux, non ?).

Je ne vis ni dans l'espoir de maigrir ni dans la crainte de grossir : cette silhouette, c'est la mienne, c'est celle que j'ai en ayant un rythme alimentaire normal. Si mon corps change, j'aurai bien le temps de m'acheter d'autres habits. Trier, donner, jeter, c'est la première étape marquante, pour faire ses premiers pas vers l'acceptation de son corps.

J'OUBLIE LES ÉTIQUETTES

L'étape de tri est terminée, et là, je me rends compte d'une chose magnifique en regardant les étiquettes : **je rentre dans des pantalons en 38, en 40 et en 42 !** En fonction de la marque, de la matière, de la coupe, je passe d'un 38 à un 42, et parfois même dans une seule et même enseigne !
Alors, pourquoi se torturer avec les tailles quand on constate qu'elles n'ont pas plus de valeur que le chiffre de la balance ? Je me sens bien bête. Bien bête d'avoir gâché des moments shopping avec ma mère quand j'étais jeune, car je ne rentrais pas dans le 42 de chez Jennifer, bête d'avoir mangé de la salade verte pendant une semaine après qu'un 40 n'ait pas voulu de mon popotin !
Une fois de plus, je m'aperçois que tout ça, cette pression, ce malaise, c'est moi qui me le crée et l'alimente. Je n'ai pas acheté certains vêtements à cause d'une étiquette, j'ai gâché des bons moments, je me suis autoflagellée pour des broutilles, des tailles qui dépendent, non pas de mon corps, mais des marques !

Effet cupcake : trop boudinée !

Poupoupidou !!!!! Ahhhh

J'ARRÊTE DE SUIVRE LA MODE À TOUT PRIX

Longtemps, j'ai voulu suivre la mode, même si ça ne m'allait pas. Alors quand je fais le tri dans mes placards, je prends une autre grande décision : dorénavant, je m'habillerai en fonction de ma morphologie, et non plus en fonction de la mode.

Chaque personne a une spécificité physique. Moi, ce sont les « poignées d'amour ». Autant dire que le dos à moitié à l'air, ce n'est pas ce qui me va le mieux ! Et pourtant j'ai suivi la mode, et dans mon armoire, je n'ai que des « tailles basses ». Bien sûr, mon pantalon descend sous mes poignées d'amour, je passe donc mon temps à le remonter et lutte désespérément contre l'effet cupcake, mais c'est peine perdue !

Je vends tous mes jeans sur le fameux site de vente en ligne, et je file me racheter leur version taille haute. Et là, révélation. Je peux m'asseoir sans craindre qu'on voie mes sous-vêtements, je suis à l'aise, mes poignets d'amour restent bien au chaud, ma taille est bien marquée, c'est dix fois plus joli sur moi. Je me rends compte aussi que ça ne serait peut-être pas élégant du tout sur ma voisine. Ce qui me va ne convient pas forcément à une autre !

COMMENT S'ASSUMER SANS CAMOUFLER ?

La perception de notre corps change totalement selon le vêtement que l'on porte. Si c'est trop large, on est peut-être très à l'aise, mais on l'est moins avec l'image « sac » que l'on renvoie, si c'est trop moulant, on a la sensation d'être une baleine à l'Opéra de Paris.
Voici des exemples pour vous aider à comprendre que c'est à vous d'adapter vos fringues à votre corps, et pas à votre corps de s'adapter à la mode.

Trop moulant !
Trop moulante, trop courte... Si je tire dessus tous les 100 mètres, c'est next *!*

Parfait !
Poitrine suggérée
Ventre camouflé

La jupe-culotte, ma révélation ! Ample, taille haute associée à un corp top : ma tenue préféré pour la mi-saison.

Franchement qui a dit qu'on ne pouvait pas porter des jupes crayons quand on a du ventre ?

Une jupe fluide qui ne remonte pas, un pull ample pour le contraste : parfait pour aller travailler !

Nan, mais on est d'accord, les paillettes c'est la vie !

Talons ou baskets ?
Il suffit de changer
de chaussures pour
obtenir deux looks
très différents !

Aérienne, mi-longue
et à effets, la jupe
à plis inonde mon
placard cette année,
été comme hiver…

1
2
3
4

En dessous...

Ma silhouette prend un autre sens, en fait, elle prend du sens : mon « défaut » devient atout, je « positive » mon corps et m'adaptant à lui, au lieu de lui demander de s'adapter à cette société clonée qui exige qu'on rentre au chausse-pied dans un jean de prêt-à-porter !

1. *Poitrine voluptueuse*
2. *Petit bidon*
3. *Hanches généreuses avec poignées d'amour*
4. *Bon petit cul*

et vous ?

Trouver des tenues stylées et confortables en fonction de sa morphologie

Alors, comment s'habiller pour se sentir bien ? Première chose, je ne vous parlerai pas de colorimétrie, de motifs, de formes... Non, je vais commencer par vous parler de vous ! Pour savoir si un vêtement vous va, demandez-vous d'abord comment vous vous sentez dedans :

- Si vous tirez tous les 200 m sur votre jupe : elle est sûrement trop courte, non ?
- Si vous remontez votre pantalon constamment et que vous craignez d'avoir le syndrome de la « raie du maçon » : celui-ci n'est sûrement pas adapté à votre morphologie, ou il est tout simplement trop petit.
- Si vous êtes obligée de rentrer le ventre dans une robe : peut-être est-elle un peu trop moulante.

VOICI QUELQUES PISTES VESTIMENTAIRES À TESTER SELON VOTRE MORPHOLOGIE

Vous avez des hanches généreuses et la taille fine. Le look rétro : pantalon taille haute, chemise nouée pour marquer la taille et mettre en valeur vos hanches voluptueuses.

Vous avez un petit bidon. La robe cache-cœur est votre alliée : elle suggère la poitrine, laisse vivre sans mouler votre bidon et vos poignées d'amour.

Vous avez une poitrine abondante. Les décolletés ronds, carrés sont parfaits ! Il est important de dégager le cou sans tout montrer. On peut aussi découvrir les épaules, on tente les cols Bardot pour le glamour. On peut s'offrir aussi le mystère d'un léger col V pour laisser place à l'imagination.

Vous avez une petite poitrine. À vous les maxi-décolletés devant et derrière ! Quelle chance de pouvoir dévoiler la naissance de vos seins sans vulgarité, ou encore les dos nus, sans soutien-gorge apparent, pour laisser parler tout le glamour de vos jolies épaules !

Vous êtes toute menue de partout. Osez les pantalons cargo, chino, à pinces qui ajoutent du volume, on se fait plaisir en oversize, un pull un peu grand, qui glisse négligemment sur l'épaule .

Vous êtes petite et menue. Préférez les coupes plus moulantes comme les slims, car vous risqueriez de disparaître sous des coupes plus amples !

La conclusion est simple : tant que vous êtes à l'aise avec vos fringues, tant que vous vous sentez bien dans votre mode, peu importe la coupe, la couleur ou les conseils des autres : portez ce qui vous plaît, à vous ! Depuis que je m'assume, j'ose les talons à paillettes, les coupes amples mais aussi les coupes moulantes (tant que je peux respirer), jupes, short, avec ou sans collant, avec ou sans talons, du noir ou de la couleur... je me fais plaisir jusque dans mon placard. Je porte ce qui me va, ce qui me plaît, je l'assume et c'est tout ce qui compte.

COMPRENDRE LE REGARD DES AUTRES

et s'en détacher

S'aimer, c'est adapter et habituer son regard à son corps, c'est apprendre à l'aimer pour ce qu'il est et non pour ce qu'il pourrait être, c'est arrêter de se comparer pour enfin vivre pleinement *avec* soi et *pour* soi.
Posé sur le papier, en théorie, ça paraît facile. Mais dans la vraie vie, les regards se posent sur nous en permanence, que ce soit sur les réseaux sociaux, à la télévision, dans les magazines, et même dans la rue, sur les affiches publicitaires. Il y a aussi les conseils des collègues et des copines, qui pensent bien faire en voulant nous aider à « perdre du poids ».

Alors, comment prendre le recul nécessaire à l'épanouissement de soi ? Comment faire pour s'aimer enfin pour ce que l'on est et non pour ce que les autres pensent de nous ? Pour ma part, ce n'est pas arrivé du jour au lendemain… Tu te lèves un matin et tu te fiches qu'on te traite de boudin ou qu'on sous-entende que t'en es un, ou que tu penses que l'autre pense qu'il l'a pensé… C'est arrivé par étapes. Je vous les donne, si ça peut vous aider… Mais vous verrez, vous trouverez votre propre chemin. Laissez-vous le temps et soyez patiente : une fille bodypositive ne se construit pas en un jour !

LE JOUR OÙ J'AI APPRIS À GÉRER LA MÉCHANCETÉ

J'ai eu mon second déclic lors d'une consultation chez mon psychologue, que j'allais voir pour d'autres raisons à l'époque. Nous étions fin 2016, j'étais encore en train d'apprivoiser mon corps après l'arrêt des régimes, et je mentirais si je disais que tout se passait très bien. Lors d'une de nos séances, je lui ai parlé de ma gêne vis-à-vis du regard des autres. Et ça m'a fait un bien fou.

À cette période, je vivais des moments difficiles au travail, et ça se ressentait dans mes posts, j'étais plus morose, plus sensible. Et c'est là que j'ai découvert les *haters* : pour celles et ceux qui ne connaissent pas encore cette espèce en voie de prolifération, ce sont ces personnes sur les réseaux sociaux avides de méchanceté, qui se planquent derrière leur clavier pour vous torturer par leurs commentaires. J'ai eu droit à une ribambelle de remarques haineuses sur ma prise de poids du moment, mon allure, le contenu de mon compte Instagram, etc. Bref, tout y est passé. Ces messages m'ont terriblement blessée et remise en question.

J'ai donc expliqué à mon psy que je vivais très mal ces jugements à répétition, d'autant plus qu'ils venaient de personnes anonymes, qui n'avaient donc aucun intérêt à me démolir. S'ils le faisaient, c'est sûrement qu'il y avait une « bonne raison »… Alors le psy m'a répondu tout simplement : **« Les gens peuvent vous aimer, ou pas. En revanche, on ne pourra jamais vous reprocher d'être vous-même. »** C'est grâce à cette phrase que j'ai eu mon second déclic. Pas un déclic sur mon physique, plutôt un déclic pour enfin faire la paix avec le regard des autres, leur jugement et parfois composer avec la méchanceté gratuite. J'ai compris à cet instant qu'il valait mieux être détesté pour ce que l'on est plutôt qu'aimé pour ce que l'on n'est pas ! Cette phrase a retiré un poids de mes épaules. À ce moment-là, j'ai décidé de commencer à être moi-même physiquement, mais aussi mentalement. Et c'est ainsi que les remarques n'ont presque plus eu d'impact sur moi, lorsque je faisais quelque chose de façon authentique. En revanche, si c'était pour correspondre à une image qui n'était pas la mienne, là je fournissais tellement d'efforts inutiles que la moindre remarque me blessait profondément.

LE JOUR OÙ J'AI COMPRIS LE REGARD DE MON MARI

Le regard et le jugement de *haters* complètement névrosés, c'était une chose, mais le regard de mon mari, c'était une autre paire de manches… (@_monsieurK sur Instagram, pour les curieuses).

Durant mes années de yo-yo, j'ai toujours senti dans son regard une certaine pression. En fait, quand je grossissais à nouveau après un énième régime, je n'osais pas me mettre nue face à lui sans être dans le noir, je ne me baladais pas en culotte dans la maison parce que j'avais le sentiment que son regard se posait systématiquement sur mon gras, je sentais comme un jugement, je savais que la sentence allait tomber et j'avais rarement tort.

Yoann est franc et direct, ce qui est une qualité, sauf quand il s'agit de mon corps : en fait, il n'avait pas lui-même réfléchi au côté un peu « brut de décoffrage » de ses paroles, et moi je comprenais tout de travers. Après mes prises de poids successives, et quelques regards insistants, j'avais souvent droit à « tu as grossi, je le vois, fais attention, tu reviens en arrière » et bien sûr, la discussion se terminait dans les larmes, les cris et les propos qu'on regrette, bien souvent un « c'est bon je sais, je suis pas aveugle » ou un « si t'as pas de volonté, viens pas pleurer ». Lourd, non ? Mais on le sait tous : hommes et femmes ne parlent pas toujours la même langue, et avant de se vexer, il faut essayer de décrypter les messages. J'étais persuadée qu'il ne m'aimait pas comme j'étais, que son regard et ses paroles étaient dirigés contre mon état de « prise de poids », je pensais qu'il avait peur de retrouver la fille qu'il avait connue à plus de 80 kg au compteur !

En fait, ça, c'étaient *mes* peurs, pas les siennes. Peu à peu, j'ai compris… J'ai compris que le problème, ce n'était pas mon poids, mais ma façon de vivre ma prise de poids. Il savait que ça allait de pair avec « moral dans les chaussettes », « démotivation sportive », « frustration » et « nouveau (énième) régime ». Bref, il avait peur que la fille pénible qui allait avec revienne en force. Tout ce qu'il n'aimait pas, c'était la façon dont je vivais avec mon corps plus gros. Et c'est là que le Bodypositive a pris tout son sens.

LE JOUR OÙ JE SUIS DEVENUE BODYPOSITIVE FACE AUX AUTRES

Ça ne s'est pas fait en un jour, genre « je me réveille un matin, je me souris, je me regarde dans le miroir et j'adore mes cuisses ». En revanche, je me suis mise à bodypositiver quand je suis remontée (une nouvelle fois) à 71 kg, après une période à osciller entre 65 et 67 kg : le regard de mon chéri sur moi a changé, et il a changé car je me sentais bien, et c'était le plus important à ses yeux.

Une fille bodypositive rit, sort, ne fait pas de régime, n'est pas frustrée, ne refuse pas les restaus ou les repas de famille, ne fait pas de crise parce que son mec a encore acheté du Nutella, vit aussi simplement qu'il lui est offert de vivre… Et ça, cette philosophie, ça lui a tout de suite plu, à mon mec ! À moi les culottes dans la maison, les galipettes rideaux ouverts, les câlins de jour comme de nuit ! Je me sens belle pour moi et je le ressens à chaque instant dans mon couple.

Ça m'a aussi donné la force d'affronter différemment le regard des autres, que ce soient les collègues, les amis, les inconnus… C'est à ce moment que j'ai poussé ma réflexion un peu plus loin, et que j'ai découvert *Les Quatre Accords toltèques*.

LE JOUR OÙ J'AI DÉCOUVERT LE LIVRE *LES QUATRE ACCORDS TOLTÈQUES*[1]

C'est en lisant le livre de Miguel Ruiz, *Les Quatre Accords toltèques*, que j'ai réussi à me libérer complètement du regard des autres, une autre étape après celle du psy. Sans éviter ou snober les regards, j'ai appris à les comprendre, et j'ai ainsi pu les appréhender différemment. *Les Quatre Accords toltèques*, c'est un peu comme un contrat qu'on passe avec soi-même. C'est une philosophie de vie qui se résume en quatre phrases toutes simples :

- Que votre parole soit impeccable.
- Quoi qu'il arrive, n'en faites pas une affaire personnelle.
- Ne faites aucune supposition.
- Faites toujours de votre mieux.

Cette philosophie est très ancienne et provient du sud du Mexique. Un peuple, les Toltèques, il y a des milliers d'années, a su résumer en ces quatre phrases l'essence du bonheur au quotidien. C'est aussi un chemin qui permet d'être soi-même à chaque instant de la vie. En respectant ces accords, ma vie a changé peu à peu, ma relation aux autres

1 Miguel Ruiz, *Les Quatre Accords toltèques*, Jouvence, 1999, 2016.

s'est améliorée et mon cœur s'est allégé. Bien sûr, ces phrases ont l'air simples de prime abord, mais il faut en comprendre parfaitement le sens pour les mettre en pratique.

Le premier accord parle de « parole impeccable ». Il a en fait un double sens : ne pas critiquer, ne pas juger, ne pas porter un regard accusateur sur les autres et ne pas dire de parole blessante. OK. Ça, en général, on y arrive plutôt bien. Mais cette notion de parole est également dirigée vers nous : « que notre parole soit impeccable » envers les autres, mais aussi envers soi-même. Autrement dit, on ne se traite pas de grosse vache devant la glace, et encore moins de femme stupide quand on a oublié sa carte bleue à la caisse du supermarché. On se parle bien. On se « cocoone », comme on est prêt à cocooner les autres. Parce que si on est aigri à l'intérieur, on comprendra tout de travers, et on ne pourra pas mettre en application le deuxième accord.

Le deuxième accord nous permet de ne pas nous faire en permanence des nœuds dans la tête. On pourrait aussi le traduire par une phrase de Jen Sincero, extraite de son livre *Tu vas tout dé-chi-rer !*[2] : « Ce que les autres pensent de toi n'a rien à voir avec toi, mais tout avec eux. » En résumé, les paroles d'une personne, plus elles sont méchantes, plus elles définissent celui qui les prononce. Elles reflètent leur malaise, et surtout pas le vôtre.
Par exemple, une fille m'a traitée de « grosse » sur Facebook. En allant visiter son profil, j'ai constaté qu'elle était bien plus forte que moi. À travers son message, elle ne faisait que rejeter son propre mal-être sur moi. Si on gratte un peu, on comprend qu'elle s'en prend à elle-même et je ne suis qu'un « transfert ». Autre exemple : une fille sur Instagram m'a reproché d'avoir un problème avec la nourriture puisque j'en parle souvent (je rappelle qu'à l'origine je partage sur ma vie, le sport, la santé et le bien-être et que la nourriture en fait partie). En me rendant sur son compte, je me suis aperçue qu'elle pesait tous ses aliments, et qu'elle ne postait que des photos de nourriture...
Avant, dans les deux cas, j'aurais réagi au quart de tour, je me serais défendue de n'être ni grosse ni obsédée par la nourriture. Mais depuis que j'ai lu *Les Quatres Accords toltèques*, je me répète la petite phrase et je prends du recul. Finalement, j'ai plus souvent de peine pour les gens qui sont méchants avec moi que de rage. J'ai compris que dans la plupart des cas, et je vous laisse le constater par vous-même, les plus malheureux dans l'histoire ne sont pas ceux qui subissent la remarque, mais ceux qui font ce type de remarque pour se sentir exister.

Dans le deuxième accord, on se rend compte qu'on se fait des nœuds dans la tête pour rien. **Dans le troisième**, on réalise que, même si les gens n'avaient pas voulu que vous vous en fassiez, eh bien vous les faites tout seul dans votre coin. Vous devenez parano, quoi. Combien de fois vous êtes-vous dit en mangeant un croissant dans la rue : « Ah je suis sûre qu'en me voyant manger mon croissant, les autres se disent que c'est pour ça que je suis grosse », ou encore : « Mon chef me regarde de travers, je suis sûre que c'est parce que le dossier que je lui ai rendu hier ne lui a pas plu. » Alors que votre boss a juste un pet de travers parce qu'il vient d'emboutir l'arrière de sa BM en sortant du parking du Monop'...
Pour bien comprendre à quel point il est stressant de penser de cette façon, inversez les rôles, et vous verrez que les gens ne pensent pas à vous toute la journée. Ils ont leur vie et leurs propres préoccupations. Tiens, ce matin, vous aviez les sourcils

2 Jen Sincero, *Tu vas tout dé-chi-rer !*, Marabout, 2016.

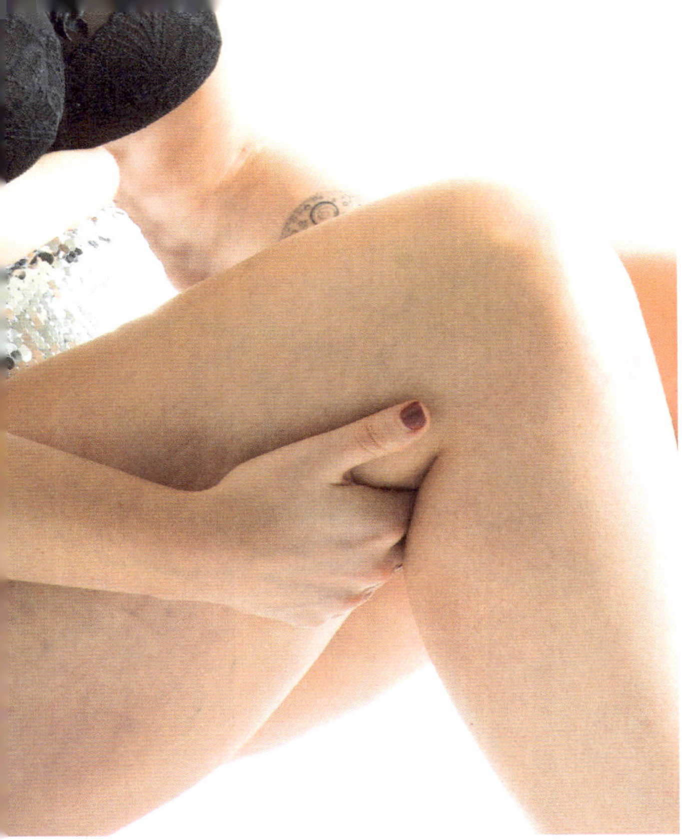
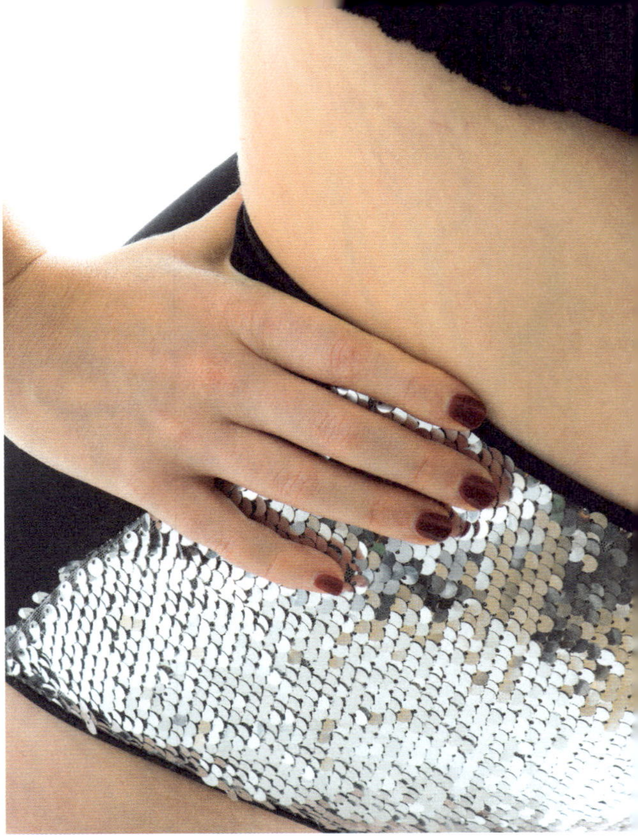

froncés sur votre ordi parce que le doc de compta que vous lisiez était franchement incompréhensible. Étiez-vous fâchée contre votre voisine de bureau pour autant ? Non !
Et cette fille qui croque dans un énorme croissant aux amandes sous l'abribus, vous en pensez quoi ? Vous pensez qu'il est 4 heures, qu'elle a l'air de se régaler, et que vous allez rentrer chez vous vous préparer un super goûter.
Alors on arrête les suppositions et on se recentre sur soi-même. Et là c'est vous qui mordez dans le croissant en pleine rue : ce croissant, c'est votre plaisir, votre moment, il est dans votre bouche. Savourez-le à sa juste valeur et n'en perdez pas une miette !

Le quatrième et dernier accord, « faites toujours de votre mieux », va vous permettre d'apaiser votre cœur. Vous serez fière de vous à chaque instant. Vous allez valoriser les petits gestes de votre quotidien et oublier les critiques acerbes des gens aigris.
Je vous donne un exemple : vous triez vos déchets, vous essayez de manger bio ou local, vous prenez les transports en commun, vous limitez votre consommation de viande… Bref, vous essayez de participer par de petits gestes à la préservation de la planète. Et là, une de vos connaissances vous dit que vos Stan Smith en cuir, c'est incohérent, pas végan, donc stupide. Vous pouvez monter dans les tours et lui prouver par A + B que vous avez raison. Vous pouvez encore confronter votre mode de vie au sien, il vous taxera de perfectionniste, vous lui direz qu'il va mourir en se nourrissant de fast-food, vous lui balancerez que ses jolies Nike sont fabriquées en Chine. Et le soir, vous aurez peut-être du mal à vous endormir. Ou alors vous pouvez simplement lui répondre : « Je sais. J'essaie simplement de faire de mon mieux dans ce que je crois être juste pour moi. »

Selfie en brassière : rien ne m'arrête !

Euh, comment ça, je devrais rentrer le ventre ?

Ne culpabilisez pas sur ce que vous n'avez pas fait, valorisez plutôt ce que vous avez accompli. Et chaque matin, levez-vous avec un grand sourire en vous disant simplement : « Aujourd'hui, je vais faire de mon mieux. »Voilà comment je suis passée de « pitbull prêt à mordre à la moindre remarque », au style « femme sereine pleine de compassion pour les relous qui s'ignorent » !

Astuces pour survivre sur les réseaux sociaux

Sur les réseaux sociaux, certains passent vite du statut #fitmotivation à #fitculpabilisation ! Quand on regarde des salades et des haricots verts sur toutes les pages du Net, des filles ultra motivées, prêtes à courir quatre marathons en un mois alors qu'on a eu besoin de trois semaines pour se remettre de notre 10 km, on commence à se sentir mal. Et si on poursuit en surfant sur le profil de filles qui s'entraînent sept jours sur sept en brassière et qui affichent des abdos saillants avec des #nopainnogain ou #quandonveutonpeut, là on pose un genou à terre.
Les photos avant / après likées par plus de monde qu'il n'y a d'habitants dans mon village natal finissent de nous achever : on dérive alors très vite vers l'ultraculpabilisation. On se dit : « Si elles y arrivent, pourquoi pas moi ? » « Je suis trop nulle, je n'ai aucune motivation, je suis incapable de faire comme elles, je ne serai donc jamais comme elles ! » Alors, comment fait-on pour stopper le processus ?

Voici trois clés :

1. ON OUBLIE LES INSULTES ET LE FOUET

D'abord, on arrête de s'autoflageller, ce n'est pas dans nos accords toltèques. Donc, on ne se traite pas de pauv' moche, parce qu'on ne se compare qu'à nous-même.

2. ON VISUALISE UNE SCÈNE DE THÉÂTRE

Ensuite, on se dit que l'écran de son ordinateur, c'est comme une scène de théâtre où des comédiens se mettraient en scène. Ça ressemble à la réalité, mais ce n'est pas la réalité, parce que dans la vie, la vraie, il n'y a pas de coulisses. Rappelez-vous qu'on choisit tout ce que l'on montre sur les réseaux sociaux, et que ce n'est pas parce qu'il y a une salade sur Instagram qu'elle a forcément été mangée ; ce n'est pas parce qu'il n'y a pas de photos de #cheatmeal que la nana ne s'est pas enfilé un pot de Häagen-Dasz devant *L'amour est dans le pré* ! Et finalement dans la vraie vie, combien de filles mangent juste une salade au restau... sans piquer quelques frites à leur voisin de table ? Combien de femmes à la salle de sport s'entraînent en brassière ? Combien de filles sur la plage ont des abdos saillants et aucune trace de cellulite sur les cuisses ? Il est temps de remettre les pieds sur terre, d'ouvrir les yeux : vous êtes normale, avec vos qualités et vos défauts, n'en doutez pas !
En « off », il se passe bien des choses que les gens ne disent pas sur les réseaux parce que c'est leur droit. C'est à vous de faire le tri entre ce qui vous motive et ce qui vous culpabilise. Si ça vous culpabilise, il ne tient qu'à vous de ne pas cliquer sur ce profil. C'est dit !

3. ON PREND DU RECUL SUR LE VRAI-FAUX-VRAI

Internet, c'est bien plus pervers que la télévision ou les pages d'un magazine. Parce qu'à la télé, on peut se dire : « D'accord, elle est sublime, mais elle, c'est une star, et des filles comme elle, il y en a trois dans le monde. » Et sur les pages des magazines, on se dit : « OK, déjà c'est un mannequin pro, et en plus elle a été retouchée. » Mais sur Internet,

n'importe qui se prend en photo, et si n'importe qui est canon, alors pourquoi moi, je suis moche et grosse ?
En fait, les photos des personnes « comme nous » ont beaucoup plus d'impact sur notre moral que le visage retouché de Madonna. On en oublie la mise en scène, alors que même madame Tout-le-Monde peut vous arnaquer en planquant sa cellulite ! Et même si les photos ne sont pas retouchées, elles sont bien souvent « truquées ». Et leur trucage, c'est la pose… Voici quelques exemples de poses utilisées sur le Web pour valoriser un avant / après.

Avant / après : #thighgap.

En français, traduisez « trou entre les cuisses ». Pour donner l'impression d'avoir la cuisse plus fine, il suffit de tendre les fesses vers l'arrière et de laisser apparaître un écart entre les cuisses.

On relève sa culotte !

Eh oui, une astuce pratiqué par les sœurs Kardashian, et par bon nombre de fitgirls à travers le monde, l'astuce de la culotte remontée jusqu'aux aisselles… C'est simple, on remonte la culotte sur les hanches, on tend légèrement une jambe vers l'avant et on pointe les fesses vers l'arrière. Et là, on passe de « poignées d'amour » à « taille fine et hanches à la KimK »…

Avant / après : #bigbooty

L'effet « big booty », *c'est celui qui nous donne de jolies fesses latino. On tend la jambe côté miroir, on plie l'autre, ça donne un effet* « big booty » *à tous les coups ! L'autre astuce, c'est de se photographier de profil, mais de tourner légèrement la pointe des pieds dans la direction opposée au miroir : effet affinant et jolies fesses garanti !*

TEST

Êtes-vous sensible au regard des autres ?

Une petite remarque déplacée dans la matinée, et hop ! Votre journée est bousillée... vrai ? Pas vrai ? Pour savoir à quel point vous êtes sensible au regard des autres, faites le test !

1. 25 DÉCEMBRE, VOUS ÊTES INVITÉE CHEZ BELLE-MAMAN :

● Un cauchemar, vous en parlez depuis six mois. L'année passée, elle vous a fait une remarque sur votre robe « trop noire », et sur votre coupe « trop courte »...

* Génial ! Vous adorez les parties de ping-pong verbal avec votre belle-mère...

■ Ce n'est pas une partie de plaisir, mais vous allez faire bonne figure pour Kevin (votre chéri, et donc, le chéri de belle-maman... !)

2. VOUS VENEZ D'ACCOUCHER. ALLONGÉE SUR VOTRE LIT D'HÔPITAL, VOTRE BÉBÉ DANS LES BRAS, VOUS PENSEZ AUX VISITES QUI VONT AFFLUER LE LENDEMAIN...

● Vous les refusez toutes en bloc, vous n'avez aucune envie qu'on vous voie avec des auréoles de lait sur les seins et un ventre aussi rond que si vous attendiez encore des jumeaux.

* Vous avez hâte de présenter votre merveille à vos copines.

■ Vous vous excusez auprès de Kevin pour votre coiffure défaite, et vous lui demandez de vous apporter du maquillage pour être belle sur les photos.

3. C'EST L'ÉTÉ, VOUS PROFITEZ DU SOLEIL AVEC DES AMIS, AU BORD D'UNE PISCINE :

● Vous posez votre paréo juste au bord pour vous baigner, comme ça, pas de souci pour sortir de l'eau.

* Vous passez l'après-midi à courir et à sauter dans l'eau... en maillot !

■ Vous faites du topless entre filles, mais quand les garçons reviennent de leur partie de ping-pong, vous enfilez rapidement un tee-shirt.

4. VOTRE COLLÈGUE DE LA COMPTA VOUS LANCE : « WAOUH, C'EST QUOI CE PULL ? » :

● Vous ne cherchez même pas à savoir si c'est un compliment ou un reproche, vous la détestez sur-le-champ.

* Ben, c'est un pull qui me plaît, pourquoi ?

■ Vous filez entre midi et deux faire du shopping. Si Martine l'a trouvé too much, alors Kevin va détester, c'est sûr...

5. SI UNE MAUVAISE FÉE VOUS IMPOSAIT UN GROS DÉFAUT, VOUS PRÉFÉRERIEZ :

● Une tonne de cellulite sur les cuisses, au moins vous pouvez la cacher en hiver.

* Des cheveux gras, ça évite de mettre du gel le jour où vous ne voulez pas qu'on vous approche !

■ Un orteil en plus, et une tache de naissance : ça peut être original, voire sexy.

6. VOUS AVEZ UNE PRÉSENTATION POWERPOINT À FAIRE DEVANT CINQUANTE DIRIGEANTS DE VOTRE ENTREPRISE :

● Vous passez tout vingt fois en revue : marques du soutif sous le chemisier, trace de la culotte sous le pantalon, déo, haleine, maquillage... Tout doit être parfait.

* Vous relisez une dernière fois vos notes en buvant un grand verre d'eau.

■ Vous demandez à une collègue de vous filmer pour avoir l'avis de vos proches sur votre prestation.

7. 1ER SEPTEMBRE, BONNES RÉSOLUTIONS DE RENTRÉE. VOUS VOUS INSCRIVEZ À UN COURS DE GYM TONIQUE :

● Vous abandonnez au bout d'un mois parce que vous vous sentez nulle par rapport aux autres.

* C'est vrai, vous ne faites pas partie des meilleures, mais vous allez progresser.

■ Vous laissez tomber au bout d'un mois parce que votre chéri se sent abandonné le soir.

8. PREMIÈRE NUIT AVEC NOUVEAU CHÉRI :

● Au petit dej', vous essayez de savoir avec quel genre de filles il est sorti avant vous.

* Vous allez lui chercher des croissants avant qu'il se réveille.

■ Vous filez dans la salle de bains vous maquiller légèrement avant qu'il se réveille.

9. CE MATIN, ON VOUS A FAIT UN COMPLIMENT INATTENDU :

● Ça illumine votre journée.

* Ça vous rappelle combien ça fait du bien de sourire aux autres.

■ Ça peut être sympa, mais ça dépend qui vous adresse ce compliment...

10. AU RESTAU, VOUS OBSERVEZ UNE DAME DONT LES RACINES DE CHEVEUX GRIS SONT TRÈS APPARENTES :

● Beurk ! Quel laisser-aller !

* Quel boulot, ces teintures ! Elle serait bien plus belle au naturel.

■ Je n'ai pas envie d'avoir son âge... Serai-je encore séduisante ?

VOUS AVEZ UNE MAJORITÉ DE ●

Les autres font la pluie et le beau temps sur vous

Vous êtes hypersensible au regard des autres. Leur avis passe bien avant votre bien-être, c'est surtout lui qui importe. Il vous arrive souvent d'être angoissée avant un événement ou une rencontre, et vous préférez parfois annuler une soirée plutôt que d'être confrontée à un groupe lorsque vous avez un bouton sur le nez.

Pour essayer de lâcher prise, voici une petite astuce : pensez à l'envers. Les autres aussi se sentent regardés par vous. Ils se sentent jugés par vous. Et vous, au fond, qu'en pensez-vous ? Passez-vous une mauvaise soirée parce que Josette a un bouton sur le nez ? Avouez : ça vous est complètement égal. Si elle vous fait rire et sourire, vous avez envie d'aller vers elle et de profiter de sa compagnie, pas vrai ?

Eh bien, c'est pareil pour vous !

VOUS AVEZ UNE MAJORITÉ DE ★

La bave du crapaud n'atteint pas la blanche colombe !

Les autres pensent ce qu'ils veulent, ils ne vous empêcheront pas d'être vous-même ! Comme vous êtes souvent à l'aise avec vos amis, veillez cependant à être aux petits soins pour les plus timides. Eh oui, le fait de se sentir bien peut, sans que vous le désiriez, mettre les autres mal à l'aise, et les renvoyer à leurs complexes. Laissez-leur la place de s'exprimer.

VOUS AVEZ UNE MAJORITÉ DE ■

Peu importe si c'est Robert qui critique... mais si c'est Kevin...

Ah, Kevin ! La septième merveille du monde après le Taj Mahal ! Le regard des autres, franchement, vous vous en fichez complètement, mais il suffit que Kevin vous demande pourquoi il n'y a plus de beurre dans le frigo, pour que vous imaginiez qu'il va vous quitter parce que votre robe est vraiment trop moche. Pauvre Kevin... lui aussi subit votre stress ! Détendez-vous ! Il a juste envie de passer une soirée cool, il n'avait pas prévu de vous convoquer à un examen. Alors oui, vous avez le droit d'avoir les cheveux en bataille le matin, et vous pouvez dormir avec des chaussettes, si ça vous chante. Il ferme la porte des toilettes, lui ? Non ? Alors...

LIBRE DANS SA TÊTE, *libre dans son corps*

SE LIBÉRER DE TOUT COMPLEXE

Un complexe, c'est la version localisée du mal-être, quand, quoiqu'il arrive, une partie de notre corps ne trouve jamais grâce à nos yeux.
Un complexe naît parfois d'un simple « tu ressembles à Cléopâtre avec ton nez », ou un « tu es enceinte ? » ou même cette phrase anodine qu'on a toutes entendue : « Il faut manger de la soupe si tu veux grandir »... Et voilà, c'est parti pour des années de fixette sur une toute petite partie de notre corps. On aurait pu se détendre, mais cette petite phrase est restée accrochée dans un coin de notre tête comme une moule à son rocher. Et il faut souvent bien du temps pour la décrocher.
Mon complexe à moi, c'est mon ventre : j'ai des poignées d'amour et un ventre rond – si je perds du poids, j'ai l'impression qu'il fait de la résistance, c'est toujours le dernier à « bouger ».
Et puis il faut dire que même dans la catégorie « curvy », on essaie de nous imposer un modèle à suivre ! C'est fou, non ? Même là, on subit le poids d'une mode qui en ce moment est aux fesses bombées et à la taille ultrafine. Une certaine Kim serait à l'origine de tout ça, paraît-il (il s'agit d'une star de la téléréalité qui a fait le buzz pour son tour de hanches impressionnant).
C'est le genre de chose qu'on traîne à vie, quel que soit son poids : qu'on fasse 80 ou 50 kg, qu'on soit de face ou de profil, dans notre chambre ou dans une cabine d'essayage, notre complexe est « la chose » qu'on regarde en premier. Chez les autres, c'est pareil : on ne peut s'empêcher de comparer. Je suis incapable de vous décrire le nez de ma meilleure amie, parce que je ne suis pas complexée par mon propre nez, par contre je peux vous dire que la première chose que j'ai regardée chez elle, c'était son ventre ! Et j'étais dégoûtée : je le trouvais bien plus plat, bien plus ferme et plus joliment dessiné que le mien même après avoir eu son bébé ! Encore un moyen de se comparer, se rabaisser, se sentir mal...
J'ai une autre amie au ventre plat et au dos musclé. Je l'ai toujours enviée en secret, elle est un peu mon « point de comparaison », c'est-à-dire que j'établis ma propre échelle de valeur par rapport à elle et en fonction de ses qualités à elle. Malheureusement,

plutôt que de profiter de mes propres qualités, je passe mon temps à me dire, bien au fond de moi : « Elle a de la chance, elle. »
Voilà une chose qu'on a toutes pensé, pas vrai ? Comme le dit le dicton, « l'herbe est toujours plus verte ailleurs », et pourtant... En discutant avec cette amie, je me suis aperçue qu'elle enviait mes jambes ! Je n'ai pas trop de cellulite, et c'est vrai que mes jambes sont plutôt fines. Je découvre alors qu'au lieu d'apprécier son beau ventre plat, elle jalouse mes cuisses ! Et moi je fais quoi, pendant ce temps ? Eh bien, j'oublie mes cuisses pour lorgner sur son ventre ?! Vous vous rendez compte du temps qu'on perd à envier les autres ? Quand on se focalise sur un complexe, qu'on le compare aux autres, on oublie le plus important : ses qualités. Cette conversation m'a permis de comprendre qu'une fois de plus, tout est une question de point de vue : soit je passe des heures devant le miroir à me tripoter le bidou en grimaçant, soit je me regarde de biais, je contracte mes cuisses pour laisser entrevoir mon quadriceps naissant. Un seul corps, deux façons de le regarder, deux façons de vivre : contre ou avec lui. Malgré tout, il m'arrive encore de regarder un nombril de temps en temps... que voulez-vous, la vie n'est pas toute rose, et le Bodypositive, c'est comme la vie, il a aussi ses hauts et ses bas. Ce qui est sûr en revanche, c'est qu'aujourd'hui je sais mettre en valeur mes jambes et oublier comme il se doit mon petit ventre rond.

Ce conseil s'applique aussi à la vie ! Il vous est sûrement déjà arrivé de dire : « Il a de la chance de partir en vacances / d'avoir une promotion / d'avoir rencontré l'amour »... Mais vous alors, qu'avez-vous ? Appréciez d'abord ce que vous avez, et ne cherchez pas à envier l'herbe du voisin... cela ne vous apportera aucune joie. C'est finalement ça, le secret du bonheur : apprécier la vie telle qu'elle est !

Se libérer de ses complexes

Arrêter définitivement de se comparer aux autres. Oui, elle a de belles fesses, mais elle a des seins plus petits que les miens. On ne peut pas tout avoir.
Faire une cure de détox-miroir. Pendant une ou deux semaines, ne plus regarder la partie du corps qui me gêne. Et me focaliser sur ce qui me plaît.
Répondre franchement et directement aux personnes qui font des remarques blessantes. En général, ça les calme. « Tiens, c'est quoi ces marques bizarres sur tes cuisses ? » Réponse : « Ça s'appelle des vergetures. J'ai pris vingt-cinq kilos, et je les ai perdus, puis je les ai repris... Eh bien la peau, elle finit par craquer, c'est un phénomène naturel. Alors les vergetures, elles font partie de mon vécu, tu vois. »
Oser s'offrir une jupe courte. Cette jupe me plaît, je vais l'acheter, montrer mes genoux, puis faire une balade en ville... Les gens ont-ils été effrayés sur mon passage ? Non. Alors, on recommence quand ?
Ne pas garder les remarques pour soi, et y répondre sans agressivité. « T'as pas un peu grossi ? » « – Oui, je sais », et si vraiment la personne insiste, répondre : « Et alors ? C'est un problème pour toi ? Parce que moi, ça va, je te rassure. »

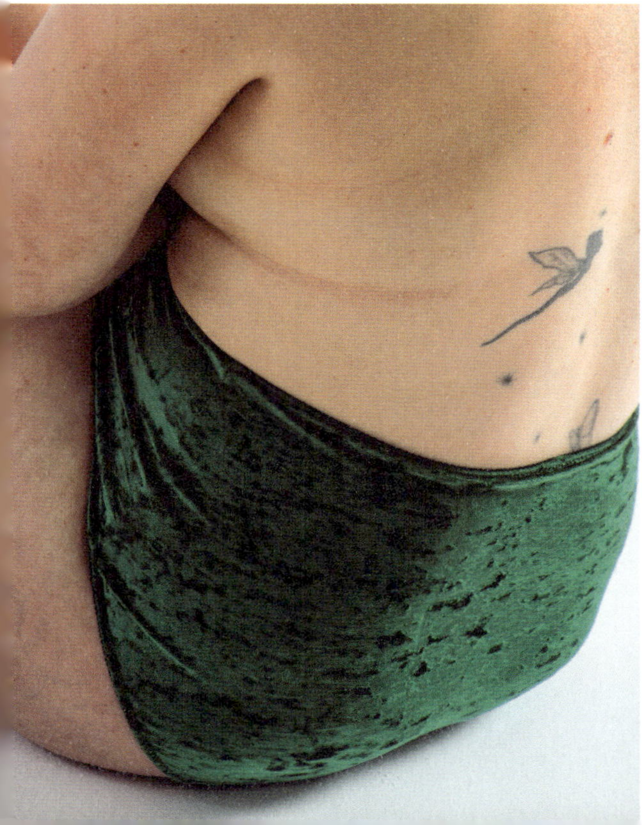

TEST

Et vous, pourquoi vous détestez-vous ?

Lorsqu'on exècre l'image que nous renvoie notre miroir, lorsqu'on recherche la perfection physique à tout prix, cela signifie souvent que l'on se déteste pour une raison bien plus profonde… Quelles sont les vraies raisons qui vous poussent à vous détester ? Faites le test pour trouver des pistes.

1. VOTRE N+1 VOUS APPORTE UN DOSSIER À FINALISER POUR 18 HEURES, ALORS QUE VOUS AVEZ DÉJÀ VOTRE MANTEAU SUR LE DOS :

● Vous bouillonnez intérieurement, mais vous vous rasseyez sagement pour accomplir le travail.

* Vous enviez votre collègue Sophie qui n'a pas à se coltiner un mec pareil.

■ Si vous aviez été mieux organisée, vous auriez pu prendre les devants et lui demander le travail à faire dès le matin.

2. VOTRE VOISINE VOUS ANNONCE QU'ELLE VA SE MARIER, ET VOUS ÊTES INVITÉE :

● Quelle chance ! Mais il va falloir vous trouver une tenue, ça ne va pas être une mince affaire.

* Quelle chance ! Vous souriez, mais son bonheur vous renvoie immédiatement l'image de votre célibat.

■ Quelle chance ! Espérons pour elle que ça ne se soldera pas par un divorce.

3. LES JEANS SKINNY SONT À LA MODE :

● Vous essayez en boutique, mais vous n'osez pas sortir de la cabine : franchement, c'est vraiment trop moulant.

* Ça avait l'air joli sur le cintre et sur la fille qui l'essayait dans la cabine voisine. Mais sur vous, c'est affreux, comme d'habitude.

■ Comme à chaque nouvelle tendance vestimentaire, vous allez vous laisser tenter, et abandonner le pantalon dans le placard dès la première remarque déplacée sur votre tenue.

4. À L'ÉCOLE, QUAND ON VOUS RENDAIT UN CONTRÔLE…

● Vous trembliez comme une feuille, la boule au ventre.

* Vous regardiez à peine votre feuille, et vous vouliez surtout savoir quelle note avaient eu vos copines.

■ Vous vous attendiez systématiquement à une mauvaise note. De toute façon, quand c'était difficile, vous n'hésitiez pas à rendre copie blanche.

5. LORSQU'ON VOUS DEMANDAIT DE PASSER AU TABLEAU :

● C'était un cauchemar : vous perdiez tous vos moyens.

* Vous détestiez tous ces regards dirigés sur vous.

■ Vous aviez toujours l'impression que le professeur vous interrogeait pile le jour où vous n'aviez pas appris la leçon.

6. FACE À VOS FRÈRES ET SŒURS, VOUS DIRIEZ QUE VOUS ÉTIEZ PLUTÔT :

● Effacée.

* En concurrence.

■ À la traîne.

7. AU RESTAURANT, LE SERVEUR OUBLIE DE VOUS SERVIR, ET VOUS ATTENDEZ :

● Vous n'osez pas l'appeler pour accélérer votre commande.

* Vous lui demandez pourquoi vous n'êtes toujours pas servie.

■ Vous avez choisi le mauvais restau, vous ne reviendrez pas.

8. VOTRE BELLE-MÈRE S'IMPOSE UN PEU TROP SOUVENT À LA MAISON :

● Vous grincez des dents, mais vous n'osez pas aborder le sujet avec votre chéri.

* Vous demandez à votre chéri pourquoi toutes vos copines ont une relation complice avec leur belle-maman, et pas vous.

■ Une fois qu'elle est partie, vous vous reprochez de ne pas avoir su gérer la situation.

9. VOTRE FILS DE 3 ANS N'EST PAS ENCORE PROPRE :

● Difficile de lui imposer le pot, il n'en fait qu'à sa tête.

* Il va falloir qu'il fasse un effort avant cet été, les enfants de nos amis sont tous propres, eux.

■ Vous avez tout essayé, rien à faire. Vous ne savez sans doute pas vous y prendre...

10. PREMIERS RAYONS DE SOLEIL, VOUS RETROUVEZ VOS PETITES ROBES D'ÉTÉ :

● Vous vous tartinez d'autobronzant pour qu'on ne voie plus votre cellulite.

* Mais comment font les filles qui sont bronzées toute l'année ?

■ Vous mettez un legging sous la robe. De toute façon, les jambes à l'air, c'est ultra-moche sur vous, au printemps comme en été.

VOUS AVEZ UNE MAJORITÉ DE ●

Vous vous reprochez votre manque de confiance en vous

Si vous aviez une baguette magique, vous aimeriez effacer les rougeurs intempestives sur vos joues, oser relever le menton, dire non quand ça vous chante, répondre du tac au tac au lieu d'avoir l'esprit d'escalier… Et chaque jour, vous vous reprochez ce manque de confiance en vous. Chaque jour, vous vous vengez sur votre corps qui ne vous a rien fait. Si vous n'avez pas réagi à la petite remarque bien toxique de Stéphane, c'est à cause de cette robe qui vous boudine, c'est à cause de ces collants qui vous font des jambes affreuses…

Pour accomplir un petit pas de bienveillance avec vous-même, décidez dès aujourd'hui de bannir les « il faut » de votre vocabulaire. Vous n'êtes obligée à rien ! Dès qu'un « il faut » vient à votre bouche, remplacez-le aussitôt par un « je choisis de… », vous verrez, c'est magique.

VOUS AVEZ UNE MAJORITÉ DE ★

Vous trouvez toujours que l'herbe est plus verte ailleurs

L'herbe a l'air plus verte, mais elle est bien souvent synthétique… Si vous vous en tenez à ce que vous lisez sur les réseaux sociaux, vous aurez en effet le sentiment que la vie des autres est meilleure que la vôtre. C'est sûr, ils se photographient au bord de la mer ou dans un restau à 1 000 dollars en sirotant un mojito. Mais ils ne font jamais de selfie quand ils font deux heures de queue à la poste, ou lorsqu'ils se prennent le bec avec leur fils de 15 ans. Ne vous laissez pas berner, aucune vie n'est toute rose…

Pour accomplir un petit pas de bienveillance envers vous-même, commencez une « détox comparative ». À la gym, concentrez-vous sur les mouvements à accomplir, et pas sur le joli « *booty* » de votre voisine. Évitez de surfer des heures sur Facebook et éliminez les profils « heureux, trop heureux », qui passent leur temps à poster des « fière, fière, très fière »…

VOUS AVEZ UNE MAJORITÉ DE ■

Vous avez l'impression de voguer d'échec en échec

Depuis que vous êtes enfant, vous avez le sentiment que la poisse est avec vous. Au bac, c'était certain, vous alliez tirer le sujet que vous détestiez, eh bien ça n'a pas loupé. Au supermarché, il suffit que vous vous placiez dans une file d'attente à la caisse pour qu'elle se bloque. Et si vous rencontrez l'élu de votre cœur, vous partez du principe que ça ne va pas durer.

Pour accomplir un petit pas de bienveillance envers vous-même, chaque matin, au réveil, dites-vous que le monde est le reflet de ce que nous croyons être vrai. Ça nous rassure, même si c'est négatif. Alors, bannissez les « tu vois, je te l'avais bien dit que ça se passerait comme ça » de votre vocabulaire, et répétez tous les matins : « Aujourd'hui, tout va bien se passer. »

OSER PLUS POUR S'ASSUMER PLUS

S'aimer, c'est bien, savoir s'habiller, c'est bien aussi. Mais si on osait ? Si on osait ce qu'on s'est toujours interdit ? Si on appuyait notre #loveyourself à grands coups d'objectifs ? Si on validait chaque étape en osant plus, en osant comme si nous étions enfin cette personne qu'on a toujours rêvé d'être ?

Rien n'est insurmontable

Des choses banales pour certains peuvent sembler impossibles à réaliser pour d'autres, et cette petite constatation, simple en apparence, fonctionne pour chaque aspect de notre vie.
Pensez à un objectif que vous rêveriez de réaliser, le genre de truc où vous vous êtes toujours dit : « Si j'étais mince, si j'étais plus musclée, je ferais ceci ou cela, j'oserais aborder le vendeur de chouchous-beignets sur la plage de la Grande Motte, je demanderais une augmentation à mon boss... Seulement voilà, ça ne marchera jamais vu que je suis un gros tas tout mou. » Avouez que le raisonnement, là, posé sur le papier est archi-absurde : votre boss ne décidera pas de votre augmentation en fonction de la quantité de cellulite que vous avez sur les fesses, et le vendeur de chouchous-beignets commencera par plonger son regard bleu azur droit dans les vôtres, avant d'envisager quoi que ce soit du côté de votre éventuelle absence d'abdos cachés sous le paréo. En fait, qu'est-ce qui vous empêche réellement de le faire ? Qu'est-ce qui, techniquement, vous empêche de réaliser cet objectif ? Qu'est-ce qui vous retient, à part vous-même ? N'êtes-vous pas en train de faire des suppositions sur ce qui pourrait arriver si vous le faisiez ?

Et là, je vais à nouveau citer Jen Sincero : « Quand on dit qu'on n'a pas les compétences, c'est souvent qu'on est en réalité trop effrayé, plus qu'incapable[3]. » Vous avez la capacité de prendre la parole en public, de porter du jaune, de mettre des shorts, de manger en public, de courir en ville, de rencontrer un mec, de reprendre vos études... Il est donc temps pour vous d'accepter que ça puisse prendre du temps, que tout ne réussit pas du premier coup, que parfois ça demande des concessions, mais qu'au fond, si on veut, on peut ! D'accord, on peut aussi échouer, mais ce n'est pas grave, l'important, c'est d'essayer !

Moi, j'ai décidé de courir en short, et vous ?

Perso, mon blocage à moi, ce n'était pas le beau gosse du bar des amis, c'était le fait de courir en short. Vous allez me dire, que tu coures en short, tout le monde s'en moque... Mais pour moi, c'était insurmontable : courir en short malgré mes

3 *Tu vas tout dé-chi-rer !*, Marabout, 2016.

cuisses qui se touchent ?! Jamais de la vie ! D'ailleurs, j'ai des astuces anti-frottements à vous donner, rendez-vous dans la partie « Sport ». J'ai donc toujours fait du sport en legging, au mieux en pantacourt, mais le short, même par canicule, c'était impossible.

Et puis un jour, j'en ai eu marre de mourir de chaud en legging, et je me suis dit : « OK, ce soir, je cours en short. » Pour ne pas me débiner, je l'ai annoncé sur les réseaux sociaux… Pour que je ne me sente pas « brutalisée » dans ce changement, j'ai décidé de procéder par étapes : j'ai porté mon premier short avec des manchons de compression ; ainsi, la surface visible de ma peau était réduite à l'espace entre mon genou et mon short. Et puis, ce jour-là, je me suis rendu compte que personne ne m'avait regardée pendant mon jogging. Le lendemain non plus. En fait, je me faisais une montagne d'une situation absolument banale un jour d'été : une fille qui va courir en short, parce qu'il fait chaud. Alors j'ai enlevé mes manchons, et j'ai couru tout l'été en short.

Je me demande encore aujourd'hui comment j'ai pu courir en legging par ces chaleurs pendant si longtemps. J'ai regardé en arrière et j'ai compté tout le temps perdu à me faire des nœuds dans la tête pour si peu, et à souffrir de la chaleur ! Moi qui pensais que tout cela aurait de l'importance pour les autres…

Je ne me suis pas arrêtée là ! J'ai décidé de porter aussi des shorts en jean. C'était la canicule, on crevait de chaud, j'étais en robe longue mais légère, et pourtant je rêvais de me balader avec les gambettes à l'air ! Et puis j'ai vu cette fille, en jean, baskets, sweat à manches longues et col roulé, j'en ai déduit qu'elle cachait ses formes, comme moi à l'époque où je courais en legging. Finalement, c'est en restant ainsi qu'elle attirait tous les regards de personnes abasourdies de la voir autant habillée par cette chaleur ! Et j'ai compris ceci : quand il fait chaud et qu'on se découvre, ce n'est pas une question de corps, c'est une question de bien-être. Qu'on soit mince, grande, forte, complexée ou non, en hiver on met des doudounes, et en été on met des shorts, des jupes, des tee-shirts. Et puis, si on ne montre pas nos jambes, elles ne risquent pas de bronzer un jour ! Donc c'est un cercle vicieux : plus on les cache, plus on les déteste !

Petit à petit, les défis se sont corsés : mettre des chaussures à talons, aller à la piscine, accepter d'être l'ambassadrice sport pour Weleda et faire un discours devant des inconnus, m'inscrire dans une salle de sport toute seule, aller me laver dans les douches collectives sans me cacher, même courir en short et brassière par grande chaleur ! Pour chaque défi, même conclusion : tout le monde s'en fiche et finalement au bout de la deuxième fois, moi aussi !

#faispetertesbarrieres, le hashtag qui donne envie d'agir

On abandonne les hashtag #nopainnogain #fitgirl #fitinspiration : ce sont des hashtags qui diffusent en nous une image négative. « *No pain, no gain* », c'est le meilleur moyen de dire « si tu y arrives pas, c'est que tu es incapable », un hashtag qu'on retrouve souvent sous les photos des *fitgirls* ou des musclors du Web. Quant au hashtag #fitinspiration, on le retrouve souvent sous des *shapes*, comme si on n'en voyait pas assez dans les pubs et les magazines des filles canon qui sont censées nous motiver !

Maintenant, on positive avec le hashtag de Lisa (@ **happy.fit_**) #faispetertesbarrieres. Ce hashtag a été créé par ma copine Lisa, fondatrice de Happy Fit, un coaching qui allie sport et bien-être et qui vous pousse à réaliser vos rêves, en vous acceptant telle que vous êtes. Dans la lignée de sa société « bodypositive, thinkpositive, moovepositive », Lisa a lancé le hashtag #faispetertesbarrieres pour encourager ses abonnées à partager leurs petites victoires du quotidien. Ce hashtag nous pousse à oser, à oser ce qu'on s'interdisait, et surtout à partager avec d'autres nos petits pas vers la liberté de s'aimer. Sous ce hashtag, on trouve par exemple : aller à la piscine, courir en short, manger un croissant dans la rue, porter des talons, essayer le pole dance... On ne se compare pas, on ne juge pas le défi de l'autre, on s'encourage simplement à oser ce que l'on s'interdisait jusque-là. Un moyen pour tous de s'inspirer les uns les autres.

Lisa « plante des graines », comme elle aime à le dire, et vous rappelle que vous pouvez le faire, que vous seule êtes à l'origine de ces verrous, de ces barrières qui vous empêchent de vivre pleinement et d'être libre. J'ai eu la chance de la rencontrer, et elle a « planté une graine », elle m'a rappelé que j'étais capable de beaucoup, qu'en réalité ce que je couvrais par des « je n'y arriverai pas, je suis trop bête pour ça », ce n'était que la peur de l'échec.

Je vous dis ça depuis mon canapé, d'où je rédige mon premier livre. Moi qui me pensais jusque-là bien trop bête pour prendre la parole en public, pour changer de job, négocier une augmentation ou croire en mes capacités intellectuelles... Je vous dis ça après avoir osé dire oui quand Marabout m'a écrit : « Ely, votre histoire et votre expérience peuvent se partager au-delà d'Internet, écrivons un livre. » La boule au ventre, la peur de ne pas réussir n'ont pas eu raison de mon envie de « faire péter une nouvelle barrière ».

www.happy-fit.fr

VOUS NE VOUS AIMEREZ PAS TOUS LES JOURS : TOUT VA BIEN, VOUS ÊTES NORMALE !

Autre règle : être indulgente. Oui, il va falloir être indulgente avec vous-même, et comprendre que vous n'êtes pas Wonder Woman sept jours sur sept, vous avez le droit d'avoir des jours sans, même face à votre miroir. Ne croyez pas que tout est derrière vous, que chaque jour sera identique, et que vous vous aimerez toujours comme vous aimez le gâteau au chocolat depuis le plus jeune âge.

Certains matins, vous vous lèverez avec le sentiment que ça ne va pas le faire, vos cheveux ne se mettront pas en place, même votre classique queue-de-cheval ne conviendra pas. Cette journée, c'est celle qu'on appelle « *bad hair day* » et souvent, le *bad hair day* entraîne un *bad day* tout court, parce que quand tu commences par passer vingt minutes à bidouiller ta queue-de-cheval, du coup tu es en retard, et donc là, devant ton armoire rien ne va, comme si ton corps et tes cheveux s'étaient ligués contre toi pour te dire : aujourd'hui, quoi que tu fasses tu te sentiras moche ! Ces jours-là, on voudrait sortir avec un casque sur la tête, la chemise de notre mec et surtout ne parler à personne ! Alors, je suis désolée, mais ça arrive à tout le monde, je ne doute pas un instant que Eva Longoria ait des *bad days*, je soupçonne même Cara Delevingne de s'être rasé la tête lors d'un *bad hair day* !

Rassurez-vous on est toujours plus dur avec soi-même. Ce que l'on admire chez les autres, on a du mal à le voir chez nous.

ACCEPTER D'AVOIR DES HAUTS ET DES BAS

Nous ne sommes pas une machine. Notre moral est relié à tout un tas de paramètres qui n'ont rien à voir avec la tête qu'on a dans la glace, ou la taille de nos fesses. Seulement voilà, quand ça ne va pas, ce sont elles qu'on voit, donc ce sont elles qui paient. On se dit : « Si elles étaient moins grosses, tout irait mieux. » En fait, si elles étaient moins grosses, ça n'arrangerait pas la dispute qu'on vient d'avoir avec notre mec, ni le fait d'être fatiguée parce qu'on s'est couchée trop tard. Bref, quand tout nous énerve, on se sert de notre corps comme d'un punching-ball, alors que lui n'a rien demandé.

Voici mon conseil : acceptez d'être en mode « *bad* » ça arrive à tout le monde. Néanmoins, prenez le temps de vous chouchouter : enfilez votre tenue préférée plutôt qu'un pull informe et remontez sur la barque bodypositive… Comment s'y prendre ? Explication dans les lignes qui suivent.

BODYPOSITIVE, MÊME LES JOURS OÙ ON NE S'AIME PAS

Avant, quand j'étais en « *bad* », je me cachais sous un pull long et un legging. J'étais moche, alors pourquoi faire des efforts, après tout ? Aujourd'hui, j'ai une autre stratégie : j'ai opté pour une attitude bodypositive, même lorsque ma queue-de-cheval se rebiffe ! Les jours où je me sens laide et difforme, je décide immédiatement de m'habiller en bombe, peu importe si je vais travailler, faire les courses ou si je reste chez moi.

Ce jour-là, JE DÉCIDE d'être une bombe, et puis c'est tout. Je prends aussi le temps de me maquiller : je camoufle le bouton sur mon front plutôt que de pester toute la journée dessus, je mets en valeur mes yeux pour qu'on oublie le bouton de fièvre, je sors ma plus jolie lingerie, je me coiffe, et je termine en faisant un super-selfie – même en trichant, avec la pose de *fitgirl* dont je vous ai déjà parlé. Et pour booster mon ego, je pars avec du Beyoncé dans les oreilles : *Who Run The World ?* C'est moi ! Une fois de plus, tout est une question d'angle de vue, se maquiller, poser comme une *fitgirl*, c'est tricher ? Peu importe, ici, c'est avec mon état d'esprit que je joue. Et pour retrouver le moral, tout est bon ! Alors, si un *bad day* pointe son nez, donnez tout, et ne baissez pas les bras ! Cette journée c'est votre journée après tout, et c'est vous qui décidez de la tournure qu'elle prendra, parce que vous n'êtes pas que maître de votre corps, vous êtes aussi maître de votre vie et de votre moral !

Et si c'était les hormones ?

Certains jours, on se lève avec le « seum », le bourdon, le vague à l'âme. Bref, chacun l'appelle comme il veut. On voit tout en noir, alors que franchement, il n'y a aucune différence entre hier et aujourd'hui, à part peut-être qu'on est lundi. Et si c'était les hormones ? On va faire un petit test et un petit point sur le sujet.

JE QUIZE MES HORMONES

Cochez les affirmations qui vous correspondent.

Hormones au top

Hier, j'ai...

1. ... marché ½ heure en plein air.
2. ... fait un gros câlin à quelqu'un que j'aime bien.
3. ... reçu un compliment agréable.
4. ... dit un mot gentil à quelqu'un.
5. ... dégusté une salade de fruits frais en terrasse.

Hormones en flop

Hier, j'ai...

6. ... mis quatre heures pour boucler un dossier sur lequel je n'arrivais pas a me concentrer.
7. ... fait du yaourt dans ma tête après une engueulade avec une amie.
8. ... mangé au McDo.
9. ... terminé les Balistos.
10. ... regardé trois épisodes de *Breaking Bad* (ou de *Gossip Girl*).

Vos hormones sont vraiment en flop si vous avez coché les phrases 6 et 7. Ça veut dire que votre corps ne parvient plus à produire les hormones du bonheur et du bien-être... mais voici l'attitude bodypositive à adopter pour faire remonter les dosages !

JE BOOSTE MES HORMONES BODYPOSITIVES

La dopamine

La dopamine est l'hormone du bien-être. Si quelqu'un vous fait un compliment dans la journée, non seulement vous souriez et vous battez du cil (surtout si c'est Kevin), mais vous vous sentez également aussitôt envahie par une vague de plaisir et de contentement.

■ *Comment faire pour la booster ?*

• Je fréquente Kevin. Et aussi, je n'attends pas Kevin. Je compte sur moi-même. Je me fais un compliment tous les matins, et je me parle poliment en mon for intérieur.

• Je me fixe des objectifs réalistes tous les jours. Si ma *to-do list* est trop longue, je vais me décourager et me traiter de grosse nulle, alors qu'il n'en est rien, et ça va faire chuter ma dopamine.

La sérotonine

Cette hormone nous permet de nous sentir reposées, et d'avoir un bon sommeil.

■ *Comment faire pour la booster ?*

• Je dors ! Et je fréquente ma couette. Parce que c'est un cercle vicieux : moins je dors, moins je produis de sérotonine, moins je dors...

• Je marche en plein air, je sors, je m'aère. Ça ne sert pas qu'à admirer les oiseaux et les jolies fleurs. Lorsque je me gorge d'oxygène et de lumière, ma sérotonine se porte bien mieux ! D'ailleurs, les Japonais l'ont bien compris : ils organisent des « randonnées du bonheur », pour améliorer leur taux de sérotonine. Ils vont marcher en forêt, tout simplement. Cette activité présente un autre avantage : elle fait baisser le taux de cortisol, la fameuse hormone du stress. Alors, on a tout bon quand on réduit les hormones du flop.

L'ocytocine

C'est elle qui augmente chez une maman qui allaite son bébé. Elle pleure plus souvent, elle s'attendrit sur tout, elle rit beaucoup... bref, elle se transforme en bisounours à la guimauve.

■ *Comment faire pour la booster ?*

Si on ne veut pas pondre dans les quarante-huit heures un charmant bambin, on peut faire des câlins : à son chien, à son chat, à sa grand-mère, à la boulangère, bref, on embrasse tout le monde comme du pain chaud.

J'ÉQUILIBRE MES ŒSTROGÈNES ET MA PROGESTÉRONE

Lorsque votre chéri vous dit : « T'as tes règles, ou quoi ? », ça vous fout en rogne, mais avouez que c'est parfois vrai : pendant les Red Carpet Days débarquent, on n'est pas au top de notre forme. Cela peut également arriver en milieu de cycle – ou n'importe quand, si on a atteint l'âge canonique de la cinquantaine... Bref, ces pics et ces chutes d'humeur nous dérangent bien plus qu'ils ne dérangent notre mec !

Mais, bonne nouvelle ! Il y a une solution pour retrouver le calme hormonal : manger des produits frais. En effet, ceux-ci vont permettre à nos hormones de s'autoréguler. Inversement, si on consomme des graisses saturées (viennoiseries, viande rouge, frites, etc.) et que par-dessus on se nourrit de sucreries, eh bien nos hormones ne parviendront pas à se réguler correctement. C'est un cercle vicieux : on se sent fatiguée, déprimée, et on mange du... sucre et du gras pour se remonter le moral. Ça nous booste sur le moment, et très vite, ça plonge notre moral en dessous du niveau de la mer...

MA BODYPOSITIVE ATTITUDE

15 petits pas pour me redécouvrir

Ça y est, on entre dans le vif du sujet, on passe à la mise en pratique, on y croit, on en veut, on le peut ! Rassurez-vous, on va y aller tranquillou, et si je vous propose de faire un pas par jour, vous pouvez bien sûr prendre plus de temps, le but n'étant pas de vous frustrer ou de vous précipiter. Chacun son rythme.

Dans ce programme, je vous propose d'appliquer jour après jour ce que j'ai moi-même expérimenté pour me bodypositiver de la tête aux pieds. Vous retrouverez la plupart des astuces et expériences que je vous ai racontées dans ce chapitre. Vous pouvez trébucher sur un jour, que cela vous demande plus de temps, ce n'est pas une compétition, l'essentiel est de prendre du plaisir à faire chaque petit pas.

POUR COMMENCER, RÉPONDEZ AUX DEUX QUESTIONS CI-DESSOUS, QUI SERONT LE FIL CONDUCTEUR DE VOTRE SÉANCE :

1. Définissez un objectif que vous aimeriez réaliser, quelque chose que vous vous êtes interdit jusque-là, quelque chose qui vous a peut-être motivée à acheter ce livre (mettre une jupe, aller à la piscine, courir un marathon, peu importe, ce qui compte, c'est que ça compte pour vous et vous seule).

2. Inscrivez pourquoi cet objectif est important pour vous, ce que cela vous apporterait si vous y parveniez (ce peut être un bénéfice matériel, émotionnel ou physique).

C'est fait ? Bravo !
Maintenant que vous avez visualisé votre objectif, on va pouvoir commencer.

Jour 1

JE DÉCOUVRE MON CORPS NU DANS LE MIROIR

Je pense que c'est par là que le *self-love* commence : si vous voulez apprendre à vous *aimer*, il faut avant tout apprendre à vous *regarder*.
Je ne parle pas de ce regard accusateur et critique que vous posiez sur vous-même jusqu'à présent. Moi, je veux que vous vous regardiez comme si vous regardiez une autre fille, votre meilleure amie, ou votre fille qui se sent mal dans sa peau et que vous avez à cœur de rassurer.
Que lui diriez-vous pour qu'elle se sente mieux ? Lui diriez-vous qu'elle a de grosses cuisses, ou lui parleriez-vous plutôt de sa taille fine ? Je veux que vous soyez aussi douce et bienveillante qu'on l'est avec une personne qui nous est chère. Je veux que vous regardiez votre corps avec tout l'amour qu'il mérite, je veux que vous le rassuriez, que vous lui montriez qu'il a raison d'exister, je veux que vous l'aidiez à avancer (j'ai envie de pleurer en écrivant ces lignes ! #coeurgroscommeça, ça me rappelle le temps perdu, ça me fait mal au cœur) et qu'enfin vous deveniez aimable avec lui.

Ce corps est là, il fait partie de vous, il vous a aidée à grandir, à ramper, marcher, tomber et à vous relever…

Face au miroir, pleurez peut-être un grand coup en pensant au mal que vous vous êtes infligé jusqu'à présent, pleurez parce que ça vous fera du bien, comme après une grosse dispute quand on est allé trop loin, pleurez et serrez votre corps dans vos bras, touchez-le, redécouvrez-le, parce que ce corps, il vous porte chaque jour. Ce corps, il vous permet de courir, d'aller de l'avant, il vous a peut-être permis d'avoir de beaux enfants, il a séduit votre chéri(e), il a accepté les gueules de bois après des soirées bien arrosées entre copines… il a même bougé sur le *dancefloor* jusqu'à pas d'heure, il vous a ramenée chez vous, même quand vous étiez ivre morte, il a été là aussi quand vous avez décidé qu'un pot de Ben & Jerrys ne se mangeait pas à moitié après une rupture… Je suis certaine que vous aviez oublié tout ce qu'il a fait pour vous, à quel point il est votre plus grand allié, votre béquille la plus fidèle.

Alors maintenant, admirez toutes ses capacités : bougez devant le miroir, posez comme une *fitgirl* pour laisser apparaître un quadriceps, admirez votre poitrine – qu'elle soit petite ou grosse, elle est bien là –, admirez vos fesses, amusez-vous à les contracter, et surtout… souriez-vous et remerciez-le, car… vous êtes belle !
Recommencez chaque matin et chaque soir. D'ailleurs, acceptez que votre corps du matin ne soit pas le même le soir. C'est normal, puisqu'il s'est adapté à votre journée : il digère ce que vous avez mangé, il accuse le coup des longues heures passées devant l'ordi : il vit comme vous, pour vous, il vit en silence votre journée.
Moi, je vous le dis, il est grand temps de s'aimer !

Ma to-do list du jour :

- *Je prends le temps de me déshabiller et de me regarder telle que je suis.*
- *Je fixe mon attention sur les jolies courbes.*
- *Je rassure mon corps en lui disant que je l'aime.*

Jour 2

JE DIS DES AFFIRMATIONS POSITIVES FACE AU MIROIR

Hier on a bien pleuré, et ce matin vous êtes de nouveau face au miroir.
De mes lectures, j'ai appris, entre autres, que le positif amène le positif et que, si ce n'est pas une vérité immuable, ça se confirme la plupart du temps. Alors je vous propose de commencer ce « Jour 2 » du bon pied, avec du positif, justement. Cet exercice va peut-être vous demander un effort plus important que celui de vous regarder nue dans le miroir. Mais croyez-moi, je n'ai pas trouvé mieux pour bien démarrer la journée.
Commençons par affirmer que cette journée sera bonne, elle sera bonne pour une simple raison : **vous l'avez décidé !**

Les affirmations positives, c'est très simple. Voici la recette :
1. **On visualise sa journée à venir** et on pense à ce qui nous inquiète. Puis on le tourne de façon positive, en imaginant toujours le meilleur des cas. Si ça n'arrive pas, ce n'est pas grave, on se dit qu'on a fait de notre mieux, et que le meilleur nous attend ailleurs.
2. **On se représente au top de notre forme.** Ma phrase fétiche : « Aujourd'hui, je suis Beyoncé, rien ne peut m'atteindre, rien ne me fera tomber de mon estrade, je suis au top de ma *life*. » Et vous, qui êtes-vous ce matin ? Qui va tout donner à la réunion de service ? Qui va optimiser les bouchons pour chanter sur le dernier album de Beyoncé ou enfin écouter ce super podcast en entier ? Finalement, ils seront trop courts, ces bouchons, vous verrez. Je suis persuadée qu'il suffit parfois de faire deux pas en arrière pour prendre un peu de recul, changer d'angle de vue, et enfin voir sa vie sous un meilleur jour. C'est un peu comme un selfie, de ¾ on semble toujours plus jolie, pourtant, on est toujours la même femme, c'est juste l'angle qui change. Eh bien, faites de votre vie un selfie ! Changez l'angle de vue au gré de vos envies, pour faire de cette journée une *bonne journée*.

Les gosses ne veulent pas s'habiller ? Et si on essayait de faire ça en musique ? La musique adoucit les mœurs, pas vrai ? Non, non, ne vous dites pas « pfff c'est peine perdue », essayez ! Mais essayez avec la certitude que ça va marcher. Parce que, si vous partez du principe que ça ne marchera pas, je vous rassure : vous aurez souvent raison. Mais est-ce vraiment l'objectif ?

Ma to-do list du jour :

- *Nue devant ma glace, je n'oublie pas de me complimenter.*
- *Je passe ma journée en revue et me concentre sur tout ce qui va être au top.*

Jour 3

JE VISUALISE MON OBJECTIF ATTEINT

Avant de commencer votre programme « Body-positive », vous avez défini un objectif. Pour ce « Jour 3 », vous allez fermer les yeux et vous visualiser à la fin de ce programme, une fois que votre objectif sera réalisé. Imaginez-vous souriante, en train de déambuler dans la rue principale de votre ville, arborant une robe fleurie et fraîche que vous n'auriez jamais osé porter quinze jours auparavant. Imaginez-vous au bureau, résistant contre vents et marées aux affronts de votre collègue, celui qui fait toujours des remarques acerbes. Tiens, c'est curieux, vu que ça ne vous fait plus aucun effet, il a arrêté son petit jeu...

Cela vous semble-t-il encore insurmontable ? Peut-être pouvez-vous déjà penser à la façon dont vous allez réaliser cet objectif : vous voulez porter une robe ? Quelle couleur allez-vous choisir ? Votre objectif, c'est plutôt une inscription à une course à pied ? Laquelle ce sera ? Quelle tenue allez-vous porter ? Vous voulez faire ça seule ou avec un(e) ami(e) ? À moins que ce ne soit une demande d'augmentation à votre patron qui vous préoccupe ? Comment allez-vous vous y prendre ? Imaginez-vous dans son bureau, sûre de vous, entrant d'un pas décidé. Oui, c'est bien vous que vous visualisez. Et maintenant, que ressentez-vous à l'idée de l'avoir fait ? Qu'est-ce que cela va changer en vous, pour vous, avec les autres ? Ressentez-vous déjà de la fierté ?

La visualisation, c'est l'aboutissement virtuel de vos rêves. Cela vous permet d'appréhender le jour J plus facilement. Cela vous permet aussi d'envisager les différentes solutions, de dédramatiser l'instant T, et bien sûr, cela rend tout ça plus réel et plus positif.

Le soir, avant de m'endormir, j'aime visualiser ma journée du lendemain quand un événement particulier m'attend. Je suis au calme, je pense à ce que je pourrais faire ou dire, j'imagine les situations et la façon dont je peux réagir à chacune d'entre elles, et je finis toujours par visualiser la meilleure possibilité juste avant de sombrer, pour passer une nuit sereine.

Vous pouvez aussi appliquer cette méthode pour de plus petits objectifs, afin d'amorcer un moment de votre journée qui vous stresse. Visualiser, c'est comme une répétition avant la grande première. Et quand il est temps de le faire réellement, ça devient plus facile.

Ma to-do list du jour :

- *Je repense à mon objectif du premier jour.*
- *Je me visualise en train de le réaliser.*
- *J'écoute mes ressentis dans ce moment de visualisation.*

Jour 4

FACE AUX AUTRES : JE SOURIS !

Cela ne vous est-il jamais arrivé de croiser le regard d'une personne qui sourit et d'avoir envie de sourire à votre tour ? C'est comme avec les personnes qui bâillent : c'est contagieux. Eh bien, soyez cette personne contagieuse de bonheur !
Je ne vous demande pas d'arborer un sourire niais envers et contre tout alors qu'une voiture vient de vous éclabousser, ou encore de rire aux éclats chaque fois que vous croisez quelqu'un. Non... Je vous propose simplement de sourire, façon « compliment » : ce sourire qu'on a quand on reçoit un message de la personne qu'on aime, ce genre de sourire quand on sort de chez le coiffeur avec la même coupe que Rihanna mais en mieux, ce genre de sourire qu'on a quand on a eu la fève... Bref, le sourire de quelqu'un qui profite, de quelqu'un d'heureux. Alors dans le bus, si on vous dévisage, souriez, au pire, ça vous fera du bien, au mieux, ça adoucira peut-être le regard de votre voisin d'en face.
Frank Fletcher a dit : « Un sourire ne coûte rien, mais il rapporte beaucoup. » Eh bien, je suis d'accord : le fait de voir des gens souriants, moi ça me donne envie de sourire, et quand je souris, je sens qu'il se passe quelque chose, ça déclenche un « shoot » d'endorphine en moi, et je me sens tout de suite mieux.
Peut-être êtes-vous sceptique ? Je ne vous demande pas de me croire, je vous demande d'essayer pour y croire. Parce qu'avec le sourire, il se produit un effet boule de neige hallucinant : ça se répand comme une traînée de poudre !

Le sourire, c'est aussi ma botte secrète pour désarmer le plus virulent de mes interlocuteurs. Bien entendu, sourire hypocrite interdit. Celui-ci doit être sincère pour que ça marche ! Je travaille au téléphone les trois quarts du temps, et l'on m'a toujours dit qu'un sourire, ça s'entend. Je peux vous assurer que c'est la vérité, je peux aussi vous assurer que le fait de « bouder », ça s'entend tout autant ! Attention, sourire à tout bout de champ n'est pas le sésame pour obtenir tout ce qu'on veut ! Votre interlocuteur a le droit de dire non (c'est toujours bon de le rappeler). Alors on apprend à positiver quand on demande, mais aussi quand on donne, ne détestez pas les gens qui vous disent non, et ne pensez pas en retour qu'ils vous détestent. On pense positif et on ne prend pas la réponse pour soi.
Parfois, on obtient un « non » franc en retour, et pourquoi pas ? Au moins, ça a le mérite d'être clair. Ne vous arrive-t-il pas à vous de dire NON ? Si vous répondez « non » à cette question, cela signifie que vous dites souvent « oui », car vous n'avez pas osé dire « non »... Une fois de plus, tout est lié : dire non, c'est oser s'affirmer !

Ma to-do list du jour :

- *Je souris, même quand l'autre ne sourit pas.*
- *Je demande de l'aide avec le sourire.*
- *Je ne prends pas mal les « non » que je reçois. Après tout, l'autre a le droit de ne pas être d'accord.*

Jour 5

JE COMMENCE UN CARNET DE GRATITUDE

Aujourd'hui, on va faire du shopping, direction la papeterie. Vous allez vous choisir avec soin un joli petit carnet facile à transporter, ainsi qu'un stylo.

Ce carnet sera votre réserve de bonne humeur, votre stock de « kif ». Chaque soir, vous noterez au minimum trois choses positives qui vous seront arrivées dans la journée : un sourire dans le métro, une personne que vous avez aidée, un compliment que vous avez reçu ou dit…

Au début, vous aurez peut-être tendance à ne vous souvenir que des moments négatifs. Mais écrire dans ce carnet va justement vous obliger à creuser dans votre mémoire et à chercher la moindre particule de positif de votre journée – même si vous estimez avoir passé une mauvaise journée.

OK, vous êtes arrivée en retard et vous avez essuyé une heure de bouchons, mais à l'heure du déjeuner, il ne restait qu'un seul sandwich au brie à la boulangerie, et il était pour vous ! Et puis vous avez eu une place devant l'école sans tourner pendant dix minutes, et dans la voiture, il y a eu cette chanson de Francis Cabrel que votre maman écoutait quand vous étiez enfant.

Mon père dit souvent : « Quand ce n'est pas bien, on entend que ça, mais quand c'est bien, il faut savoir le dire aussi. » Et c'est vrai ! Combien de fois ma mère m'a reprise quand je ne rangeais pas le lave-vaisselle, mais ne me faisait aucune remarque positive quand je le faisais ? Hyper agaçant quand on est enfant, non ? Eh bien, aujourd'hui, en tant qu'adulte, j'essaie d'appliquer cette règle d'or : si quelqu'un autour de moi fait quelque chose de chouette, je le lui dis : je sais que ça illuminera sa journée, et la mienne aussi. Mon premier job a été un enfer, m'a fait prendre dix kilos, m'a fait faire une dépression, et m'a coupé de toute vie sociale et amoureuse. Ça, c'est ce que je vous aurais dit il y a huit ans. Mais en réalité, c'est moi qui avais décidé de le vivre comme ça. J'avais décidé d'habiter loin de mon travail, je prenais chaque remarque des clients personnellement, j'avais la flemme de faire à manger et finissais toujours à la sandwicherie… Après la lecture des *Quatre Accords toltèques* dont je vous ai parlé plus tôt, je sais désormais que les remarques des clients n'étaient pas dirigées contre mon travail, j'ai pris conscience de mes qualités professionnelles, j'ai affirmé mon envie de vivre proche de mon travail, j'ai pris le temps de faire mes gamelles pour la semaine. Et à présent, c'est sereine que je vais travailler et que je rentre chez moi. Aujourd'hui, ce que je retiens de ma journée, c'est le petit déjeuner offert par les collègues, le sourire d'une dame dans le tram, le compliment d'un client. Le reste passe à l'as : sur mon carnet de gratitude, je ne garde que le meilleur et ça impacte immédiatement sur mon moral.

Alors, le soir reportez sur votre carnet trois kifs, trois plaisirs, trois moments (ou plus si affinités) mais des choses qui vous ont procuré, l'espace d'un instant, du plaisir et de la joie. Terminer sa journée sur une note positive, c'est l'assurance de passer une belle soirée.

Ma to-do list du jour :

- *Je m'offre un carnet facile à transporter et un joli stylo.*
- *Chaque soir, je note trois moments positifs de ma journée.*

Jour 6

JE FAIS LE TRI DANS MON ARMOIRE

Si vous avez commencé ce programme un lundi, ce « Jour 6 » est censé tomber un samedi. Quoi qu'il en soit, je vous conseille de procéder à cette étape lorsque vous avez du temps devant vous !
Aujourd'hui, on va jouer à « Pretty woman » : faire des millions d'essayages, passer des heures en culotte à défiler devant le miroir, et en plus, je ne vais pas vous faire dépenser un sou mais plutôt vous en faire gagner (oui oui !).
Aujourd'hui, on va trier ! Dans le premier chapitre, je vous ai parlé de l'importance des vêtements pour valoriser sa silhouette. Vous allez donc amorcer le changement en vidant vos armoires, un grand vide pour un nouveau départ vestimentaire.
Vous allez faire quatre piles :

- **À jeter :** ce qui est troué, taché, et que vous POUVEZ PAS donner à Emmaüs.
- **À vendre :** ce qui est trop petit, trop grand, jamais porté, et qui vous semble « vendable ». Prenez-les en photos et en quelques clics, les voilà sur un site de vente en ligne ! Vous aurez ainsi une petite cagnotte pour remplir vos armoires de vêtements qui vous iront vraiment. Mon site fétiche : Vinted.
- **À donner :** ce que vous ne voulez pas revendre, ni jeter, ni garder ! De nombreuses associations sont demandeuses.
- **À garder :** tout ce qui vous va et que vous portez vraiment. Alors, soyons clairs, ça vous va maintenant ! Je ne veux pas de : « Oh dans un ou deux kilos, je pourrai fermer ce bouton. » Non ! votre corps est tel qu'il est aujourd'hui, et s'il est amené à évoluer, vous aurez tout loisir de vous acheter une jolie robe en temps voulu. Exit les pantalons qui descendent quand vous vous baissez ou les robes qui vous donnent l'impression d'être un cupcake… Vous devez pouvoir vous baisser, lever les bras, vous asseoir en toute sérénité.

À partir de là, vous vous habillerez uniquement avec des vêtements à votre taille. Peu importe le chiffre inscrit sur l'étiquette, le tout est de se sentir bien ! Souvenez-vous que personne ne va scruter l'étiquette de vos pantalons.

Ma to-do list du jour :

- *Je choisis un moment où j'ai du temps (week-end, jour de congé).*
- *Je sors tout ce que contient mon placard.*
- *J'essaie tout.*
- *Je conserve uniquement ce qui me va aujourd'hui, ici et maintenant.*

Jour 7

JE FAIS LE TRI DANS MON ENTOURAGE

Après le tri dans l'armoire, on poursuit le nettoyage de printemps avec le ménage dans notre réseau, en trois étapes.

- **Étape 1 : les réseaux sociaux.** C'est l'étape la plus facile, car elle est virtuelle. Ici vous avez le choix, de suivre ou non une personne, voire même de la bloquer. Une **fitgirl** vous culpabilise avec ses salades ? Ciao ! Une « amie » sur Facebook vous lance sans arrêt des piques ? On la bloque, et c'est réglé ! (Ne laissez pas des personnes toxiques devenir ce petit caillou dans votre chaussure...)

Sachez que sur les réseaux, vous n'avez aucune obligation : j'ai suivi des gens pendant un temps, et puis un jour, quand on n'avait plus les mêmes aspirations, je les ai « **unfollowed** ». Ça ne m'a jamais empêché d'échanger avec eux. On peut aussi aimer les gens dans la vie réelle, mais ne pas aimer ce qu'ils partagent sur les réseaux, et ce n'est pas grave ! Une fois de plus, si vous prenez vos décisions avec le cœur et que vous les assumez, vous pourrez mieux les expliquer.

- **Étape 2 : la vraie vie.** Vous vous en doutez, cette manœuvre est plus difficile à faire que l'élimination d'un compte Instagram. Mais elle est parfois nécessaire. Ne remarquez-vous pas que certaines personnes ont tendance à vous tirer vers le bas ? Ou alors que vous vivez une relation « à sens unique » ? Quand une amitié est toxique, voire destructrice, je vous conseille de mettre le holà. À une période difficile de ma vie, je me suis séparé de certaines personnes pour qui j'avais toujours été là dans les mauvais moments, mais qui ne s'étaient jamais demandé si j'allais bien. Un jour, j'ai dit stop. Soit la personne comprend et prend conscience que l'amitié, c'est du partage, soit elle ne comprend pas et vous ne perdez rien...

- **Étape 3 : la famille.** C'est le plus gros sujet, et le plus délicat. Par chance, j'ai un environnement familial assez idéal, toujours à l'écoute et compréhensif. Mais si ce n'est pas votre cas, deux solutions s'offrent à vous. Première solution : tentez de partager ce que vous avez appris avec vos proches, votre mère, par exemple. Si elle vous répond : « De toute façon, ça ne marchera pas ton truc, c'est sûr », répondez-lui gentiment : « Et imaginons que ça marche ? Ce serait sympa non ? » De fil en aiguille, vous pouvez peut-être emmener amis et famille vers une vision plus positive de la vie. Deuxième solution : toute tentative de discussion est impossible ? Évitez les sujets qui fâchent, et fréquentez votre famille uniquement pour garder un lien indispensable.

Ma to-do list du jour :

- *Je fais le tri dans mes réseaux sociaux, et j'élimine tous ceux qui m'agacent et/ou me culpabilisent.*
- *Je fais le tri dans mes amis, et je décide de couper les ponts avec ceux qui me tirent vers le bas ou m'arrosent d'ondes négatives.*
- *J'apaise mes relations familiales en balançant une dose de positif. Si ça ne marche pas, je fréquente ma famille a minima, en évitant les sujets qui fâchent.*

Jour 8

JE PRENDS SOIN DE MOI

Ouf ! Après toutes ces émotions, il était temps que cette journée arrive ! Voilà huit jours que vous apprenez à vous regarder et à positiver. Aujourd'hui, il est temps de souffler, de s'octroyer un moment pour soi. Je ne vais pas vous dire quoi faire parce que vous savez mieux que moi ce qui vous ferait du bien. Et puis les goûts, les couleurs et les budgets sont différents d'une personne à l'autre. Ce que je veux, c'est que vous vous reconnectiez avec votre corps, que vous lui accordiez le temps que vous n'avez pas passé avec lui ces dernières années. Bref, offrez-vous un moment à deux.

Pendant longtemps, je me suis interdit de prendre soin de moi. Une amie m'avait offert une huile pour le corps d'une super marque, et je me vois encore m'être dit « je l'utiliserai quand j'aurai maigri », comme si mon corps ne méritait pas d'être hydraté à ce moment-là. Je ne prenais pas soin de ma peau, je me démaquillais rarement, dormant avec du fond de teint et du mascara plein les yeux – c'est à peine si le lendemain je passais un coton dessus. Jamais de crème, de gommage, pas même de manucure. À l'époque, pas question non plus de me montrer nue face à une esthéticienne, c'était rasoir ou poil dru, rien d'autre. Quand j'ai commencé à m'aimer, j'ai aussi commencé à faire attention à mon corps, à la façon de l'hydrater, et je suis ainsi passée à une consommation de produits exclusivement bio. J'ai arrêté de me teindre les cheveux, et les rares fois où je me maquille, je ne manque jamais de me démaquiller. Pour moi, c'est ça, me faire du bien.

Alors aujourd'hui, je veux que vous fassiez un geste pour vous et votre corps. Il mérite que vous lui accordiez du temps, alors faites-vous plaisir et recommencez sans modération !

Ma to-do recettes de soins maison :

- ***Gommage corporel.*** *Pour gommer votre peau et l'hydrater en profondeur, j'ai une recette maison infaillible. Il vous suffit de récupérer le marc de café de votre cafetière (ou de vider vos capsules), ajoutez-y de l'huile de coco bio, puis mélangez. Appliquez cette mixture sur le corps, en faisant des petits cercles. Parfait pour gommer en douceur votre peau avant votre épilation, par exemple. Vous pouvez ajouter quelques gouttes d'huile essentielle de coco pour accentuer l'odeur des îles.*

- ***Démaquillant.*** *Voici ma technique pour vous démaquiller naturellement et sans déchets. Faites chauffer un peu d'huile de coco entre vos mains, puis frottez-vous le visage, sans oublier les yeux et les lèvres. Insistez sur les zones plus difficiles comme le mascara, mais rassurez-vous, rien ne résiste à cette huile miracle. Ensuite, à l'aide d'un gant humidifié avec de l'eau chaude, rincez votre visage, pour en retirer l'huile. Vous pouvez utiliser de l'huile d'amande douce, si vous préférez.*

- ***Masque capillaire.*** *Pour ce masque, il vous faut de l'huile de coco bio et de l'huile de ricin, cette dernière étant réputée pour faire pousser les cheveux. Appliquez simplement l'huile de ricin sur les racines, et l'huile de coco sur les pointes. Ainsi, vos cheveux seront fortifiés et hydratés, de la racine aux pointes, sans être gras pour autant. Souvent, je laisse le mélange sur ma chevelure une bonne partie de la soirée avant de rincer. Pour faciliter le rinçage, je vous conseille de mélanger de l'eau et du vinaigre de pomme bio dans une bouteille, et vos cheveux seront brillants !*

Jour 9

JE BALANCE MA BALANCE

On l'a vu plus tôt dans ce livre, la balance n'est pas un bon indicateur de bonheur. La grande Ashley Graham a elle-même posté une photo sur son compte Instagram avec cette légende : « Ce chiffre ne définit pas votre valeur. »
Maintenant que vous avez compris que ce nombre ne signifie rien, il est temps de dire adieu à votre balance. Aujourd'hui, plusieurs options s'offrent à vous : soit vous l'offrez à une collègue que vous n'aimez pas trop, soit à votre belle-mère pour Noël, histoire de vous venger des livres Weight Watchers qu'elle vous a offerts l'année dernière. Sinon, vous pouvez aussi vous contenter de la glisser sous le meuble du lavabo et d'en retirer les piles.
Dans tous les cas, vous devez prendre conscience que la balance ne vous dira pas si vous avez perdu du gras ou pris du muscle, si vous rentrez dans votre jean, et encore moins si vous êtes heureuse. Et de toute façon, qui connaît ce chiffre, à part vous ?

Ma to-do list sans balance :

Vous voulez avoir une idée de votre évolution sans balance ? Voici mes astuces :

- *Prendre une photo. Les photos ne mentent pas – sauf si vous voulez les faire mentir –, alors pour voir si vous avez perdu du gras, celles-ci restent l'un des meilleurs indicateurs. Pour bien faire, je vous donne trois conseils :*
  - *porter les mêmes vêtements ou sous-vêtements à chaque prise de vue ;*
  - *faire la photo sur un fond neutre ;*
  - *disposer une basket entre les pieds pour avoir toujours la même distance.*
- *Mesurer son tour de taille. Encore des chiffres ! Mais cette fois, il s'agit de prendre le tour de taille, car celui-ci est un bon indicateur santé. Il a été prouvé que lorsque le tour de ventre d'une personne dépasse la moitié de sa taille, les risques médicaux deviennent – centimètre après centimètre – plus importants. Ces risques incluent des maladies graves, telles que des problèmes cardiovasculaires, le cancer, le diabète…*

Jour 10

JE PORTE DE LA JOLIE LINGERIE

Quel que soit votre physique, choisissez le modèle qui vous met en valeur. Pour moi, c'est taille haute balconnet. Pour d'autres, c'est slip dentelle et soutien-gorge triangle. Et vous ?

Avant d'apprendre à aimer mon corps, je ne portais jamais de jolis dessous : ils étaient dépareillés, avec des élastiques détendus, et je ne portais que des soutien-gorge couleur chair, tellement plus pratiques. Je me disais : à quoi bon dépenser de l'argent dans un truc que personne ne voit ? Qu'y a-t-il à mettre en valeur sur ce corps nu ? Et pourtant, c'est justement quand on ne s'aime pas qu'il faut soigner ce qui est bien caché !

Quand je n'ai pas le moral, j'enfile un ensemble noir, en dentelle, taille haute. Personne ne le verra, mais moi, je sais que sous ma robe vintage, j'ai mon petit cul moulé dans une superbe culotte taille haute.

Donc, que vous soyez en couple ou célibataire, commencez la journée en vous voyant aussi sexy que Lady Gaga ou Rihanna. Et vous serez forcément de bonne humeur !

Je prends toujours mes culottes une taille au-dessus pour me sentir à l'aise dedans, le soutien-gorge est toujours balconnet pour ma poitrine, car celle-ci n'est pas très ferme. Pour les petites poitrines, à vous les triangles en dentelle ultrasexy ! Shorty, string, tanga, taille haute ou taille basse, en coton, soie ou dentelle... le choix est large pour se sentir bien dans son slip !

Une fois de plus, il s'agit de se sentir bien pour se sentir belle.

Ma to-do list du jour :

- *Je jette mes culottes usées et informes.*
- *Je choisis le style qui convient à ma morphologie.*
- *Je porte mes plus beaux ensembles, surtout les jours où je n'ai pas le moral.*

Jour 11

J'OSE PORTER UN VÊTEMENT QUE JE M'INTERDISAIS

Je le répète : quand on l'a fait une fois, on peut le faire cent fois ! (Rappelez-vous mon histoire de short pour aller courir...) Ça s'appelle « la liberté d'être soi en toutes circonstances », et c'est super important dans la quête du *love yourself*. Faites les choses pour ce qu'elles vous apportent et non pour ce que les autres pensent. Il y aura toujours quelqu'un pour vous faire une remarque juste au moment où vous commenciez à vous détendre. Passez outre, et poursuivez votre chemin.
Je ne vous demande pas de vous balader nue dans la rue piétonne, mais de faire un premier pas vers la liberté de vivre pour soi et non pour les « qu'en-dira-t-on ». Un premier pas qui vous permettra de ressentir cette liberté d'avoir fait ce que vous vouliez quand vous le vouliez. Je vous promets que ce premier pas sera le plus dur et que tous les autres couleront de source, comme une évidence, comme une banalité. Mais avant, il faut essayer. Le premier pas, c'est aujourd'hui !

Ma to-do list du jour :

- *Je file m'acheter le vêtement que je n'ai jamais osé porter mais dont je rêve (ou je le sors enfin de mon armoire).*
- *Je l'enfile et vais me balader avec.*

Jour 12

JE DEVIENS BIKINIBODYPOSITIVE

Chaque année, dès le mois de mai, on nous assomme avec des « êtes-vous prête pour l'été ? » « Êtes-vous *bikini ready* ? » Et le Hastag #bikinibody envahit les réseaux sociaux.
Bien sûr que je suis prête pour le bikini, ça fait onze mois que je bosse pour mes congés ! Mais que veut dire, au juste, le « *bikini body* » ? Bon, vu que je suis aussi bilingue que bronzée, je vais traduire ça de la façon la plus pragmatique qui soit : tu as un bikini ? Tu as un corps ? Eh bien tu enfiles ton bikini sur ton corps, et Bim bam boum, tu es un *bikini body* ! Mais vu que tous les *bodies* sont différents et qu'il existe de nombreuses sortes de bikinis, je vous propose de découvrir celui qui, techniquement, devrait vous aller à merveille – bien sûr, on parle de théorie, le but étant simplement que vous vous sentiez bien dans votre bikini, avec ou sans haut, en version string ou panty... assumez-le, assumez-vous, vous êtes belle !

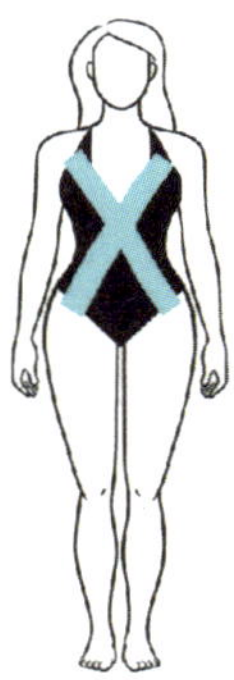

• **La silhouette en X**, c'est un parfait équilibre entre les épaules et les hanches, avec option « taille marquée » (souvent, c'est la fille qu'on déteste sur la plage, parce qu'elle est trooop belle). Si vous avez cette morphologie, foncez ! Techniquement, tout vous va, à vous de voir dans quel bikini vous vous sentez le mieux. Les couleurs, les motifs, les ensembles ou les dépareillés, ne vous interdisez rien !

Vous pouvez même tester le une pièce qui revient en force sur les plages, il sera parfait pour vous, surtout s'il est un peu échancré au niveau des hanches.

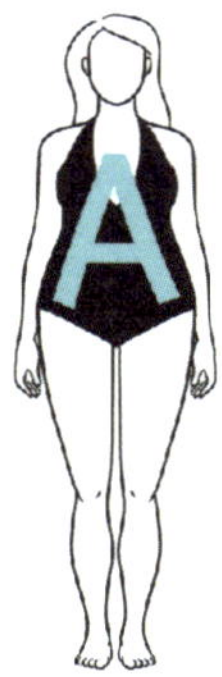

• **La silhouette en A** se caractérise par une petite poitrine et des hanches plus larges : comme un A, le haut du corps est plus fin que le bas. Si vous avez cette silhouette, il vaut mieux maximiser le haut et minimiser le bas, afin de rééquilibrer l'ensemble. Sautez sur les deux pièces, un haut push-up ou avec des volants, des motifs, tout est permis, profitez de votre petite poitrine pour porter des bandeaux et travaillez votre bronzage pour qu'il soit parfait. Pour le bas, soyez plus sage et préférez porter de l'uni afin d'équilibrer avec le haut plus tape-à-l'œil.

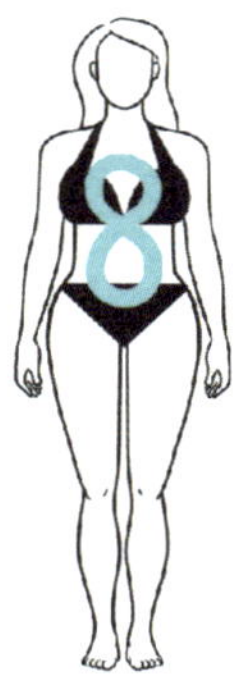

• **La silhouette en 8** est un X gourmand, plus charnu, plus voluptueux. Donc, comme pour le X, on ose tout, on se fait plaisir sur la couleur, la coupe. Perso, pour moi, les culottes taille haute ont été la grande révélation de mon été 2017 car je suis 8 à fond ! Testez les hauts à armatures pour soutenir une forte poitrine et vous sentir aussi à l'aise sur la plage qu'en ville. Une dernière remarque : prenez la bonne taille de maillot, pour ne pas avoir l'air boudinée.

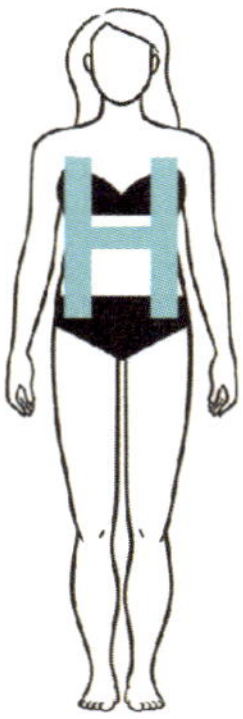

• **La silhouette en H** signifie que vos hanches et vos épaules sont de la même largeur – comme pour le X et le 8 –, mais votre taille est moins marquée que les silhouettes précédentes. Si la culotte taille haute accentue la taille marquée des silhouettes 8 et X, sachez qu'elle est parfaite aussi pour donner l'illusion sur une morphologie en H. Les frous-frous sur la culotte sont aussi une bonne idée pour maximiser le bas et donc donner un effet de volume différent entre la taille et les hanches.

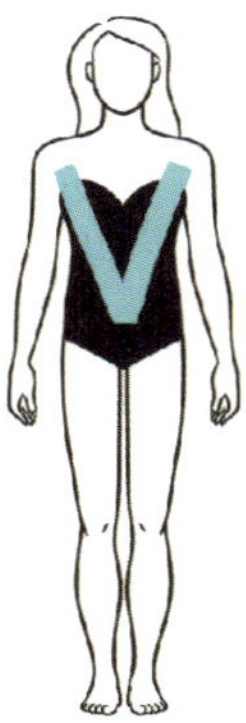

• **La silhouette en V**, c'est un A inversé, c'est-à-dire que les épaules sont plus larges que les hanches. Comme la chérie du prince de Monaco (si vous ne voyez pas, foncez chez le coiffeur pour lire *Voici*), ça vous donne une allure plutôt athlétique, type nageuse de JO... Donc vous allez minimiser le haut et tout donner sur le bas. Un haut triangle à nouer et un bandeau léger seront parfaits. Pour le bas, faites-vous plaisir sur la couleur, les motifs, les frous-frous, les volants...

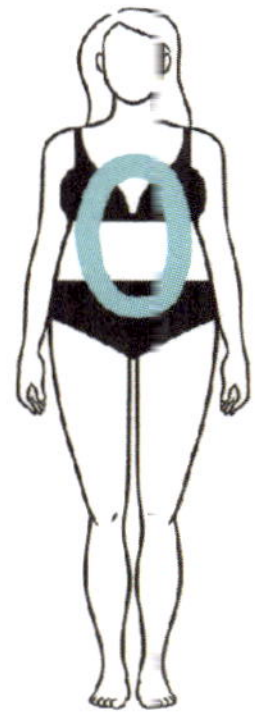

• **La silhouette en O** est harmonieuse, et les rondeurs sont réparties de façon égale. Pas question de vous cacher sous un paréo, il y a autant de maillots de bain que de morphologies ! Mettez en valeur votre poitrine généreuse avec des balconnets, des hauts à armatures, des motifs et des couleurs. Pour le bas, préférez une taille haute (oui, encore, mais je vous jure, l'essayer, c'est l'adopter) ; il est parfait pour envelopper les hanches et le bidou, et marquer (encore et toujours) la taille. Si vous optez pour un une pièce, osez le décolleté et favorisez les maillots unis.

Dans tous les cas, et peu importe votre morphologie, profitez ! Parce que sur la plage par 30 °C, qu'est-ce qui attire le plus l'attention ? Une femme en maillot de bain ou une femme en jean et col roulé ? Alors fondez-vous dans la masse des vacanciers, amusez-vous, protégez-vous (je parle d'indice solaire) et surtout, savourez ce moment. Les vacances, on les attend tous, et ce n'est pas pour rester cachée entre deux châteaux de sable à compter les nuages ! Et finalement, sur cette plage, ces femmes qui vous entourent, elles ressemblent vraiment à celles des magazines ou plutôt à vous, votre mère et votre sœur ?

Ma to-do list du jour :

- *Je découvre à quelle lettre ma morphologie correspond.*
- *Je file m'acheter des maillots de bain dans lesquels je me sens bien.*

Jour 13

J'ARRÊTE DE PORTER DES VÊTEMENTS « TROP »

Trop serrés, trop courts, trop longs, trop amples, trop raides, trop rêches... il est temps de se faire du bien. On n'adapte plus son corps à la mode, mais on adapte la mode à son corps.
J'ai voulu porter des maillots de bain avec ficelles à nouer, et j'ai tiré dessus à m'en couper les poignées d'amour pour que ce ne soit pas ridicule sur mes fesses. J'ai porté des bikinis avec des hauts sans armatures et un ruban à nouer dans le cou, et j'ai failli me déchirer les cervicales pour que mes seins ne s'échappent pas. Aujourd'hui, j'assume ma poitrine tombante à même pas 30 ans et sans avoir eu d'enfants (eh oui, les pertes et prises de poids successives jouent aussi sur la fermeté des seins, et les miens en ont connu de toutes les couleurs).
Je ne suis plus la mode à tout prix. Mon corps et moi, on préfère chiner, acheter d'occasion, des trucs qu'on ne trouve plus, des trucs qui étaient à la mode avant, des trucs qui *lui* vont. Et ça, c'est bon pour mon corps et pour mon moral.
Je ne vous dis pas de vous cacher dans des vêtements amples, d'éviter le court si vous êtes ronde ou les décolletés si vous avez une forte poitrine ! Je vous conseille avant tout d'écouter votre corps s'exprimer dans vos vêtements, ils ne doivent pas couper l'estomac quand vous êtes assise, vous faire rougir quand vous vous baissez, ni vous mettre mal à l'aise en public. Prendre soin de son corps, c'est aussi lui permettre de vivre une journée sans douleur.
Je n'ai aucun mal à acheter du 44 pour me sentir à l'aise, surtout quand il s'agit d'un short en jean, qui a tendance, en 42, à me couper les cuisses quand je suis assise. Quoi de plus stressant qu'une jupe qui remonte sans cesse ? ou un pantalon qui descend ?

Porter ce qui vous va, porter ce qui vous plaît, porter la bonne taille, c'est l'assurance d'être à l'aise dans vos baskets et dans votre tête.

Alors aujourd'hui, on le jure solennellement, on n'achètera plus des talons de 15 cm, uniquement parce qu'ils sont sublimes... Aujourd'hui, on choisira nos fringues pour nous et plus pour la tendance du moment.

Ma to-do list du jour :

- *Je ne choisis plus entre confort et allure, je choisis les deux.*
- *J'écoute mon corps : lui seul sait me remonter le moral et me guider pour que je me sente belle.*

Jour 14

JE VAIS CHEZ LE COIFFEUR

« Une femme qui change de coupe s'apprête à changer de vie », disait Coco Chanel. On approche de la fin du programme et on se rapproche de Coco Chanel : du style, de l'élégance, du confort.
Et si on changeait de coupe ?
J'ai lu dans un magazine le témoignage d'un homme qui racontait que le jour où sa femme était rentrée de chez le coiffeur en blond platine et coupe garçonne, il a su qu'elle allait le quitter. Elle avait décidé de faire ce qu'elle n'avait jamais osé faire auparavant, et avec cette coupe, elle enclenchait un changement radical. Elle avait besoin que ça se voie.
Chaque fois que j'ai décidé de changer quelque chose dans ma vie, j'ai aussi changé de coupe. Je trouve que c'est assez symbolique : comme si couper une frange ou colorer mes cheveux marquait le début d'une nouvelle Ely.

Ma to-do list du jour :

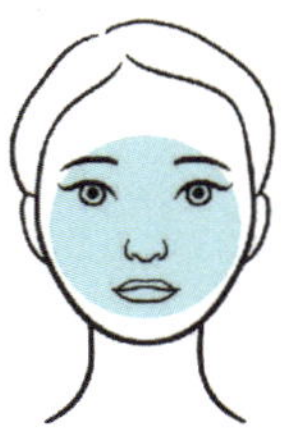

- **Visage rond**
Objectif : on allonge. À vous les cheveux longs ou mi-longs, la raie au milieu, pour structurer votre visage. Vous voulez attacher votre tignasse ? La queue-de-cheval très haute ou le bun haut sur la tête sont faits pour vous.

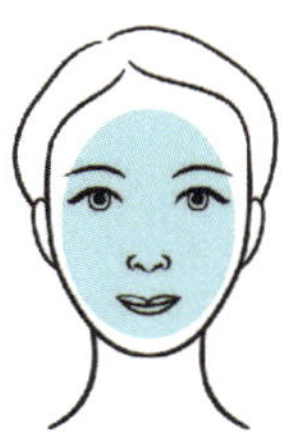

- **Visage ovale**
Vous êtes le X du visage, tout vous va et rien ne vous arrête, que ce soit la frange ou la coupe ultra courte. Osez faire ce qu'il vous plaît, voilà la seule contrainte que vous avez !

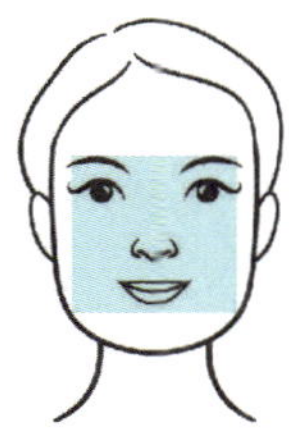

- **Visage carré**
Ici, on va adoucir vos traits, avec une coupe effilée et des mèches qui reviennent sur la mâchoire, ou un carré mi-long, dégradé, qui revient lui aussi sur les maxillaires.

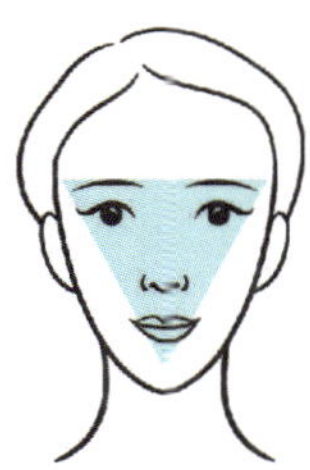

- **Visage allongé**
Vous allez adoucir votre front avec une frange ou une mèche pour équilibrer le visage et accentuer les ondulations. Évitez les cheveux longs qui allongent encore plus et favorisez les coupes courtes structurées ou le mi-long aux épaules.

Jour 15

JE RÉALISE MON OBJECTIF

Voilà quinze jours que vous mettez en place de nouvelles choses, et il est temps de réaliser l'objectif que vous vous êtes fixé en début de programme. Ceci n'est que le début de votre nouvelle vie AVEC votre corps et non plus CONTRE votre corps, il est donc important que vous continuiez à vous fixer des objectifs, et que vous « pétiez les barrières », comme j'aime à le dire.
J'ai commencé par aller à la piscine, j'ai pris la parole devant des inconnus, je me suis inscrite à la salle de sport, j'ai couru en short et à chaque fois que je réalise un objectif, je me sens plus forte.
Alors aujourd'hui, il faut marquer le coup : osez croire en vous, osez réaliser ce qui vous semblait impossible, car vous n'êtes pas moins bonne qu'une autre.

Normalement, après avoir appliqué les quatorze petits pas précédents, vous devriez vous sentir mieux, vous sentir plus forte. Il est temps pour vous de prouver à vous-même que les seules limites que vous avez sont celles que vous vous mettez.
En portant des robes et des jupes l'été, je me suis aperçue que je n'étais qu'une femme parmi tant d'autres, blanche comme un cachet d'aspirine aux premiers rayons de soleil, avec de la cellulite, des cuisses qui frottent et parfois même une épilation approximative. Et alors ? En regardant autour de moi, j'y ai vu la même chose… Parce que nous sommes tous différents, mais sommes tous faits pareils : avec des os, des muscles et du gras ! La piscine ? Une évidence ! Une fois que j'ai trouvé un super maillot de bain une pièce qui met mes formes en valeur, j'ai osé me lancer, personne ne m'a regardée, et le plus dur finalement, c'est encore de nager sans s'arrêter !
S'exprimer en public ? C'est difficile, ça fait bégayer, ça fait rougir, et là, j'ai repensé à mon papa qui m'a dit avant mes oraux du bac : « Ma fille, c'est simple, les gens que tu vas voir sont comme toi, ils mangent, ils dorment, ils vont même aux toilettes, alors s'ils t'impressionnent, imagine-les le jean sur les chevilles, un sudoku sur les genoux, aux W.-C. ! » Tout de suite, les inconnus sont beaucoup moins impressionnants ! (Attention aux fous rires en salle de réunion par contre…)
Et puis si vous avez décidé de vous mettre au sport, de faire une course officielle ou encore de postuler pour être déléguée des parents d'élèves, sachez qu'une fois que votre objectif sera atteint, votre corps sera bourré d'endorphines, il vous envahira de bonheur : ce sentiment de fierté, cette sensation de bien-être ne vous lâcheront plus. Alors faites-le, juste une fois et vous le ferez cent fois…

Ma to-do list du jour :

Dressez ici la liste des barrières que vous pourriez dépasser :

-
-
-
-
-
-
-
-
-
-
-
-
-
-
-
-
-
-
-
-
-
-
-
-
-
-

BODY POSITIVE
dans mon assiette

"FAIRE UN RÉGIME" ET "MANGER SAIN"

quelle différence ?

Pour la plupart des gens, dans notre monde de surconsommation et d'industrialisation, faire un régime ou manger sain, c'est un peu du pareil au même. Si pour vous « faire un régime », c'est manger des fruits et des légumes, alors il est clair que vous aurez du mal à faire la distinction.

Définissons d'abord ce qu'est un « régime ». Par « régime » j'entends « restriction », c'est-à-dire que vous êtes dans le contrôle, vous ne pouvez pas écouter votre corps, vos envies, vos sensations, vous êtes le plus souvent tributaire d'un plan. Et ce plan vous dit quand manger, quoi manger, quelle quantité manger. Il ne s'agit plus de savoir si vous avez faim ou non, si vous n'avez plus faim ou si vous avez encore faim : s'il est inscrit 100 g de haricots verts au menu, alors il faudra manger vos 100 g de haricots, ni plus ni moins.

Un régime est souvent restrictif, c'est-à-dire que vous allez ressentir la faim. Et qui dit « faim » dit « frustration », dit « craquage ». Et qui dit « craquage » dit « reprise de poids », dit « nouveau régime » ! Bienvenue dans le cercle infernal et vicieux des régimes à gogo : un yo-yo permanent entre votre corps et votre mental, jouant avec vos nerfs, votre confiance, et mettant à rude épreuve votre moral.

Moi, je vais plutôt vous parler de repas sain. Mais « sain », qu'est-ce que ça veut dire, au juste ? Pour faire simple, « manger sain » je dirais que c'est manger des produits que nos arrière-grands-parents auraient connus !

Vous croyez qu'ils connaissaient le cordon-bleu ? La pizza buns ? Les plats préparés ? Eh bien non ! En revanche, ils savaient faire des ratatouilles, des pot-au-feu, des soupes, des quiches, des gâteaux au yaourt, des quatre-quarts... Parce que, oui, manger sain ne veut pas dire manger fade à chaque repas. Je dirais qu'il s'agit plutôt de manger du fait maison, de transformer de ses mains un aliment brut pour en faire un plat dont on connaît les ingrédients.

Manger sain, c'est aussi manger des pizzas, mais au lieu d'en prendre une surgelée, pourquoi ne pas en faire une vous-même ? Je vous donne ma recette toute simple à adapter avec les restes du frigo un peu plus loin.

Manger sain, c'est penser santé ; faire un régime, c'est penser amaigrissement. Voilà toute la différence.

Vous le verrez tout au long de ce chapitre, mais je ne le répéterai jamais assez : manger-régime, ce n'est pas du tout sain, car les produits *light*, sans sucre, sans gras sont souvent bourrés d'additifs et d'arômes artificiels pour flouer votre cerveau. Quand un produit contient plus de trois ingrédients inscrits sur l'emballage, il est fortement conseillé de le reposer...
Je vous donnerai mes astuces pour manger mieux sans vous prendre la tête. J'espère que vous prendrez conscience qu'il est bon pour vous d'arrêter les régimes, de penser « santé » avant tout, car un corps mince ne signifie pas forcément un corps en bonne santé !

POURQUOI JE SUIS DEVENUE VÉGÉTARIENNE

Je ne vais pas faire ma gourou, ni même tenter de vous convaincre, car je pense que c'est comme tout : pour effectuer la plupart des changements, il faut le vouloir, mais il faut aussi comprendre pourquoi on le fait. Néanmoins, il paraît évident que, dans un passage sur l'alimentation, je me devais aussi de m'exprimer sur le sujet de la viande, qui me tient particulièrement à cœur, vous faire part de mon évolution alimentaire et, pourquoi pas, provoquer votre curiosité. Bernard Werber a dit : « L'important n'est pas de convaincre, mais de donner à réfléchir. » C'est ce que j'espère faire ici.

Dans ma famille, la viande, c'est tous les midis, et parfois même le soir. Quand je me suis mise en ménage, chez moi, c'était surtout les steaks pas chers et le blanc de poulet en promo. Bacon à bas prix, poisson qui n'avait jamais vu la mer, œufs élevés en batterie, etc. Tout m'allait tant que je mangeais beaucoup, et pour pas cher.
Après ma lecture du livre *Maigrir sans régime* du Dr Zermati, j'ai appris à favoriser la qualité à la quantité : par exemple, dégustez un carré d'un chocolat artisanal, il remplira vos papilles, va satisfaire votre cerveau et vous suffira, tandis qu'un carré insipide d'une plaquette à bas prix ne nous satisfera absolument pas, et vous aurez envie d'en manger encore...
C'est là que j'ai commencé à accepter de payer mes produits un peu plus cher, pour une quantité plus faible. Très vite, j'ai compris que ça se valait, on était presque à un rapport de prix au kilo de bonheur. Ensuite je me suis intéressée à la cause animale : à la façon dont les animaux sont élevés, la nourriture qu'on leur donne, comment on les tue pour qu'ils finissent dans notre assiette. J'ai vu *Demain*, le film de Mélanie Laurent et Cyril Dion, et à partir de là, j'ai arrêté de manger viande et poisson. Yoann, mon mari, a quant à lui décidé d'arrêter seulement la viande, dans un premier temps.

Pourquoi avons-nous entamé cette démarche végétarienne ? Égoïstement, on l'a fait pour nous, car ce que l'on donne aux animaux d'élevage finit dans nos assiettes : antibiotiques, hormones... très peu pour moi. Ensuite, pour l'aspect écologique : l'élevage industriel et intensif a des répercussions considérables sur le monde. Je vois d'ici certains venir… « Et le soja alors ? Les champs de culture de soja aux États-Unis provoquent de la déforestation et ça, c'est pas écolo. » On n'est pas dans un combat des « omni » contre les « végé », on peut apprendre de chacun, ce que je sais, c'est que je consomme aujourd'hui moins de soja que je consommais de viande, que je consomme moins de soja qu'un bœuf, donc l'un dans l'autre, je crois qu'en arrêtant de manger de la viande, je réduis aussi la consommation de soja que cela induit – et surtout, mon soja, je l'achète bio et souvent français. Et puis, il y a le bien-être animal : les poules en cage, les vaches séparées de leurs veaux pour produire du lait à gogo, les conditions de vie – ou devrais-je dire de « survie » – dans certains abattoirs, tout ça a été un véritable déclic éthique chez moi.

Voilà donc un an que je ne mange ni viande, ni poisson, ni lait, ni yaourt de vache. Il m'arrive encore de consommer occasionnellement des aliments à base de lait ou d'œufs mais uniquement à l'extérieur, seul le fromage reste un péché mignon du quotidien. Mais je ne culpabilise pas de ne pas être végétalienne, ou végane, car je suis persuadée que dans ce monde, il est plus intéressant de valoriser les pas que l'on fait plutôt que de pointer du doigt ce que l'on ne fait pas. Il arrive exceptionnellement, au restaurant par exemple, que mon mari commande de la viande ou du poisson, et même si ce n'est pas mon cas, je considère que toutes les fois où il n'en mange pas valent bien les rares fois où il le fait. Soyez indulgente avec vous-même et avec les autres, faire un peu, c'est déjà faire !

Si le sujet vous intéresse, je vous conseille *Eat*[1] de Gilles Lartigot, un livre bienveillant et en aucun cas moralisateur pour en apprendre plus sur les élevages, les perturbateurs endocriniens et le bien-manger.

Pour finir, je vais vous citer le grand Pierre Rabhi et son histoire du colibri, une histoire qui me suit chaque jour depuis qu'une abonnée me l'a contée. J'espère qu'elle vous encouragera à toujours faire de votre mieux : « *Un jour, dit la légende, il y eut un immense incendie de forêt. Tous les animaux terrifiés et atterrés observaient, impuissants, le désastre. Seul le petit colibri s'active, allant chercher quelques gouttes d'eau dans son bec pour les jeter sur le feu. Au bout d'un moment, le tatou, agacé par ses agissements dérisoires, lui dit : " Colibri ! Tu n'es pas fou ? Tu crois que c'est avec ces gouttes d'eau que tu vas éteindre le feu ? " " Je le sais, répond le colibri, mais je fais ma part.* " »

C'est dit !

1 Gilles Lartigot, *Eat, un fauve dans la jungle alimentaire*, Winterfields, 2013.

TEST

Quelle mangeuse êtes-vous ?

Pour le savoir, répondez par oui ou par non aux propositions ci-dessous !

1. Il vous arrive souvent de sauter un repas :

☐ Oui ☐ Non

2. Vous consommez des plats industriels plus d'une fois par semaine :

☐ Oui ☐ Non

3. Vous mangez dans un fast-food plus de deux fois par mois :

☐ Oui ☐ Non

4. Les légumes, lorsque vous en achetez, ont tendance à pourrir dans le réfrigérateur :

☐ Oui ☐ Non

5. Vous achetez de préférence des produits *light* :

☐ Oui ☐ Non

6. Vous déjeunez léger, mais il vous arrive de grignoter dans l'après-midi :

☐ Oui ☐ Non

7. À 18 heures, vous avez souvent un coup de barre, vous prenez un en-cas, car vous avez du mal à attendre l'heure du repas :

☐ Oui ☐ Non

8. Vous mangez au moins un biscuit, un gâteau ou une barre céréalière par jour :

☐ Oui ☐ Non

9. Vous consommez de la viande deux fois par jour :

☐ Oui ☐ Non

10. Vous consommez des légumes frais moins de deux fois par jour :

☐ Oui ☐ Non

11. Vous consommez des fruits frais moins de deux fois par jour :

☐ Oui ☐ Non

12. Vous avez tendance à resaler votre plat :

☐ Oui ☐ Non

13. Vous avez tendance à resucrer votre plat :

☐ Oui ☐ Non

14. Vous faites cuire votre viande dans du beurre :

☐ Oui ☐ Non

15. Vous vous méfiez de l'huile d'olive dans la salade : olive ou pas, c'est gras :

☐ Oui ☐ Non

16. Vous achetez de préférence des yaourts déjà sucrés :

☐ Oui ☐ Non

17. Si un produit est dit « allégé », c'est forcément en gras et en sucres :

☐ Oui ☐ Non

18. Il vous arrive d'acheter des plats préparés sans lire la liste des ingrédients :

☐ Oui ☐ Non

19. Vous consommez souvent des compléments alimentaires :

☐ Oui ☐ Non

20. Il vous arrive souvent de mâcher du chewing-gum :

☐ Oui ☐ Non

VOUS AVEZ UNE MAJORITÉ DE OUI

Les industriels se frottent les mains

Si l'emballage est vert et que c'est écrit « allégé » dessus, vous foncez tête baissée et terminez le paquet fissa... Vous pouvez, puisque c'est *light* ! Pour ce qui est des fruits, vous avalez un ou deux cachets de vitamine C en hiver et laissez pourrir les oranges, à moins que vous n'achetiez que des jus tout préparés. Quant aux légumes, ils atterrissent rarement dans votre assiette, sauf quand vous êtes au régime, parce que, franchement, le salsifis bouilli, c'est vraiment pas bon. Du coup, vous alternez... entre prise de poids et régime drastique, votre corps ne sait plus trop où donner de la tête.

Et si vous passiez en mode « nature » ? Oubliez les allégations inscrites en gros sur les emballages, et préférez la simplicité. Sur une pomme, il n'est pas utile d'inscrire « allégé » ou « 100 % naturel », sur un yaourt nature non plus. En revanche, sur un vrai faux paquet de chips, ou une vraie fausse plaquette de chocolat, il va falloir que l'industriel qui cherche à vous la vendre soit rusé, parce que lorsqu'il enlève du gras, il ajoute du sucre, et lorsqu'il enlève du sucre, il ajoute du gras. Bref, il se fout de vous ! Votre corps le sait, lui, alors il vous demande simplement de la vraie nourriture en vous envoyant un message tout aussi simple : j'ai faim, nourris-moi, mais nourris-moi vraiment...

VOUS AVEZ UNE MAJORITÉ DE NON

Vous savez déjouer les pièges de l'alimentation moderne

Vous avez très bien compris pourquoi le logo de McDonald est passé du rouge-orange au vert : pour faire « nature ». Vous savez aussi que sur les emballages, il ne faut surtout pas lire ce qui est écrit en gros, il ne faut surtout pas regarder la jolie image fleurie et naturelle. Il faut uniquement chausser ses lunettes, et lire les petites lignes.

Vous aimez cuisiner, et les légumes trônent souvent à votre table. Mais si vous lisez ces lignes, vous cherchez peut-être à vous réconcilier avec votre corps et avec votre poids. Poursuivez votre lecture, on va se détendre ensemble, et continuez à chouchouter votre estomac, il vous le rendra !

Pourquoi malbouffe = déprime ?

On savait déjà qu'une alimentation composée de produits industriels, ce n'était pas top pour notre santé. La *junk food* est extrêmement riche en graisses saturées (rien à voir avec le filet d'huile d'olive que je dépose sur mes pâtes pour les parfumer). Ces graisses, associées à une teneur élevée en sel, bousillent nos artères et provoquent des maladies cardiovasculaires.
L'abondance de sucre, par ailleurs, nous pousse au surpoids... et je passe sur l'absence quasi totale de fibres dans ces types d'aliments, la faible teneur en vitamines, et l'ajout systématique de divers additifs (pour donner du « goût ») et de conservateurs (pour qu'il se conserve plus longtemps qu'il ne devrait). Bref, le cocktail est vraiment pas top.
Mais ce n'est pas tout ! Des chercheurs américains, qui ont publié dans la revue scientifique *Biological Psychiatry* (avril 2017), ont aussi démontré que la malbouffe nous mettait le moral à zéro, mais pas seulement...

1. LE CERCLE VICIEUX DU HAMBURGER

Lorsque l'on mange un aliment bourré de graisses saturées, ultra-salé et ultra-sucré, notre cerveau va produire de la dopamine : c'est l'hormone du bien-être, du réconfort. Donc en apparence, notre organisme est satisfait. Mais c'est un leurre ! Comme les doses de cochonneries sont ultra-élevées, le cerveau, submergé, va fabriquer de nouveaux récepteurs de dopamine pour gérer l'afflux. Exactement comme pour une drogue. Donc, pour que nous soyons satisfaits au repas suivant, ce même cerveau va nous demander une portion plus importante de cette nourriture. Et on va augmenter les doses petit à petit, sans jamais être satisfaits. Ça, c'est cool pour le compte en banque des industriels, parce que plus on mange leurs cochonneries, plus ils se remplissent les poches. Et nous, notre moral en prend un coup : on devient accro.

2. LE PIÈGE DU SUCRE

Quand un produit est ultra-sucré, une autre partie de notre cerveau s'enflamme : l'hippocampe. C'est le siège de la sensation de satiété. Lorsqu'il se sent attaqué par un trop-plein de sucre, l'hippocampe devient « dingue », et il envoie des signaux de faim ultra-rapprochés dès qu'on manque de sucre.
Quand on n'a pas le moral, on a tendance à se jeter sur des aliments « doudous » (sucrés et gras), et on pense qu'ils vont nous réconforter. Et c'est le cas, pendant… une heure ! Ensuite, on replonge. La seule façon de remonter la pente, c'est de redonner à notre cerveau une nouvelle dose de sucre, et ainsi de suite. Bref, là aussi on devient accro. Et si les drogués étaient heureux, ça se saurait…
Mais ce n'est pas tout ! Une expérience a été réalisée dans ce sens sur des souris. Un groupe, nourri avec de la *junk food*, a peu à peu développé des troubles du comportement dépressifs : troubles obsessionnels compulsifs, alternance de périodes amorphes et agressives, pertes de mémoire, signes d'anxiété. C'est rassurant, non ?

3. PLUS ON EST JEUNE, PLUS C'EST LA CATA

Avant l'âge de 20 ans, notre cerveau n'a pas fini de grandir… Toujours est-il que les enfants nourris à la *junk food* depuis leur plus jeune âge présentent des troubles du comportement importants : dépression, agressivité, hyperactivité…
La partie du cerveau qu'on appelle le cortex préfrontal joue un rôle essentiel dans le contrôle de nos pulsions, et cette partie du cerveau le paie cher lorsqu'on se nourrit mal : les neurones ne se multiplient plus autant qu'ils le devraient, tout ça à cause d'une quantité de sucres et de graisses trop importante dans notre sang.

4. LA VICTOIRE DE SUPERTOMATE

Bonne nouvelle, les chercheurs démontrent également que si on rééquilibre notre alimentation grâce à une consommation régulière de fruits et de légumes (non, non, la tranche de tomate dans le hamburger, ce n'est pas suffisant), notre moral remonte peu à peu au beau fixe. Alors, si au départ, la détox peut vous sembler insurmontable, franchement, ça vaut le coup d'essayer.

JE RETROUVE L'ÉQUILIBRE PAS À PAS

Pas facile de s'y retrouver dans ce monde plein d'injonctions, de « manger-bouger », de « 5 fruits et légumes par jour » ! Je ne suis pas diététicienne et n'ai aucun diplôme en nutrition, je vais juste partager avec vous ma vision bien personnelle et toujours très simple du bien-manger.
Avant de commencer, si vous êtes adepte des plats préparés, du tout surgelé, du fast-food, je vous invite à lire *Vous êtes fou d'avaler ça*[2] de Christophe Brusset. Cet industriel de l'agroalimentaire raconte l'envers du décor, la guerre des coûts et les combines pour vendre plus et moins cher, souvent au péril de notre santé. Je peux vous garantir que vous voudrez changer vos habitudes après ça !
Ma mère est une grande cuisinière, moi pas du tout ! Je veux que ça aille vite, ne pas avoir à traverser la ville pour trouver un ingrédient et je veux que ce soit aussi bon pour ma santé que pour mes papilles. Si j'ai réussi à m'y mettre, vous y arriverez aussi !

Adeptes du goûter industriel ou du petit gâteau de 10 heures ?

Une barre de céréales du commerce va vous faire grimper la glycémie qui redescendra en chute libre quelques heures plus tard pour vous redemander du sucre... Quand on dit que le sucre appelle le sucre, ça vient de là ! Donc on remplace le gâteau en sachet ou la barre de céréales par un autre duo plus sain et plus nourrissant. Quelques exemples d'associations :

- ***1 fruit + 1 dessert au soja***
- ***1 fruit + quelques amandes***
- ***1 fruit + 1 tartine de pain complet***

Ces associations permettent de faire baisser l'index glycémique du fruit et vous éviteront un deuxième coup de barre.

Les enfants n'aiment pas les fruits et réclament des goûters industriels ?

Et si on essayait le smoothie ? Pour les grands comme pour les petits, c'est la solution idéale pour manger des fruits *et* des légumes.
Mon préféré ? pomme / concombre / framboise (j'adore y ajouter un morceau de racine de gingembre). J'accompagne souvent mon smoothie de quelques amandes ou d'un dessert végétal.
Pour les plus jeunes, vous pouvez préparer un gâteau au dessert végétal ou avec de la compote, coupé en tranches, à emporter à la récré. Et pour vos ados, vous pouvez mettre dans leur sac la demi-baguette de pain complet au levain avec 5 ou 6 carrés de chocolat noir. Avec ça, en plus des amandes et des fruits, on a bon espoir qu'ils ne réclament pas à manger avant... 18 h 45 !

Le midi, vous êtes une habituée des plats préparés ?

Et si vous les concoctiez vous-même ? J'ai suivi l'astuce de ma mère, qui cuisinait pour nous le soir et préparait en même temps la gamelle du lendemain pour elle et mon père. Elle en faisait

2 Christophe Brusset, *Vous êtes fous d'avaler ça ! Un industriel de l'agroalimentaire dénonce*, J'ai Lu, 2016.

Je choisis mes œufs

Avant, j'achetais les œufs les moins chers. Mais depuis ma prise de conscience, j'ai commencé par porter une attention particulière aux codes inscrits sur les boîtes d'œufs (avant de ne plus en consommer à la maison), car ils ont leur importance.
Sur chaque œuf, vous trouverez deux chiffres indiquant le type d'élevage, suivis de deux lettres spécifiant leur provenance – le plus souvent, ils proviennent de France, mais avec l'histoire des œufs néerlandais, c'est plutôt bien de le savoir !
Alors si vous voulez manger des œufs de poules qui ont vu le soleil, mangé des graines et qui n'ont pas vécu entassées dans des cages aussi grandes qu'une feuille A4 avec des carcasses de copines mortes à côté d'elles, voici comment vous y retrouver :
00 = la tête à toto, euh non, pardon, ça veut dire « œuf bio », donc des poules qui ont été nourries selon ce mode de culture.
01 = œuf de plein air, la poule a pu gambader quelques heures chaque jour.
02 = œuf de poule hors-sol, ce qui signifie que les poules sont dans des hangars les unes avec les autres.
03 = œuf de poule élevée en cage, pas plus grande qu'une feuille de papier.

Pour votre santé et celle des poules, on privilégie les œufs bio. Personnellement, je consomme surtout des œufs des fermes du coin, ça fait fonctionner le marché local, les poules sont en liberté et moi ça me rappelle le poulailler qu'il y avait chez papi et mamie à la ferme, quand, avec Mamie Lyse, on allait ramasser les œufs, et quand avec mon frère, on essayait d'attraper les poussins... Cerise sur le gâteau : les œufs sont souvent moins chers qu'en supermarché.

Si vous voulez remplacer les œufs dans vos gâteaux maison, voici des équivalences véganes, sans produit d'origine animale. Quantité pour 1 œuf.
Vous pouvez remplacer votre œuf par :
60 g de tofu soyeux
60 g de compote de pommes
60 g de dessert au soja
Ou encore mixer 5 g de graine de lin avec 15 ml d'eau

simplement plus le soir, et ils embarquaient les restes le lendemain midi.
Mon mari n'aime pas manger les restes, alors je ruse : le soir, si je cuisine une ratatouille avec du riz, je fais plus de riz, et le lendemain je lui prépare du riz avec une sauce rapide curry-préparation végétale-tofu. Et le tour est joué !

Une crème dessert pour finir sur une note sucrée ?

Un dessert au soja nature, un peu de confiture maison ou bio pour l'agrémenter, et voilà votre note sucrée ! Pour les bouches à chocolat, un dessert végétal et un carré de chocolat râpé dessus : c'est sain, c'est bon, et c'est moins cher !
Voilà des petites astuces pour changer doucement, mais sûrement, d'alimentation.

J'APPRENDS À DÉJOUER LES PIÈGES DES ÉTIQUETTES

Vous l'aurez compris, il ne faut pas se fier aux allégations santé-minceur inscrites en gros sur les emballages. Seules les mentions notées dans la liste des ingrédients sont valables, et elles nous procurent souvent bien des surprises. Alors qu'on croyait qu'un produit était « naturel », on s'aperçoit qu'en réalité, il est tout sauf sorti de la ferme de Charles Ingalls.
Voici 7 astuces pour ne pas se faire avoir.

Je me fie à la liste des ingrédients, uniquement.

Le reste, ce n'est que de la pub. Je ne me fie pas non plus au nombre de calories indiquées. L'important est avant tout de savoir s'il s'agit de « calories vides » (donc uniquement du gras et du sucre issus de l'industrie) ou des calories riches en véritables aliments pour votre organisme (vitamines, oligoéléments, oméga, etc.).

Je prête une attention particulière à l'ordre de la liste.

La loi exige que les ingrédients soient indiqués par quantité, du plus important au moins important. S'il est indiqué : « cacao, sucre », ce n'est pas du tout pareil que « sucre, cacao ». Dans le premier cas, on vous vend du cacao en majorité, dans le second, on vous vend du sucre...

Je fuis les E254, E...

Il s'agit d'additifs alimentaires, listés sous un code européen, d'où leur nom : « E... ». Ils ne sont pas tous toxiques, mais n'ont généralement pas poussé naturellement, certains sont toxiques, voire « potentiellement cancérigènes ». Voici ceux qu'il faut absolument éviter :

- E 621 : glutamate. E 620, même famille. C'est un exhausteur de goût bon marché. Il est très présent dans les tablettes de bouillon de poule, par exemple. Peu de poule, et beaucoup de substances chimiques...
- E 124 : utilisé dans les bonbons. Potentiellement cancérigène.
- E 128 : dans les steaks hachés et les saucisses.
- E 131 : très courant, et pourtant interdit dans certains pays, car potentiellement cancérigène.
- E 214 à E 233 : conservateurs dérivés du paraben, ce sont des perturbateurs endocriniens, potentiellement obésogènes.
- E 950 ou acesulfame k : édulcorant. Obésogène, potentiellement toxique sur la femme enceinte.

• E 1520 : propylène de glycol. Utilisé dans les margarines pour les rendre plus moelleuses. Également utilisé comme antigel dans le liquide des radiateurs de voiture… Bon appétit !

Bref, dans la mesure du possible, si vous voyez « E… », faites simple : reposez le paquet.

J'apprends à reconnaître les « bonnes graisses » et les « mauvaises graisses ».

Il y a très rarement des huiles vierges première pression à froid dans les plats préparés, car celles-ci sont coûteuses et se conservent difficilement. Pour limiter la casse, vérifiez le taux de « graisses insaturées », et comparez-le avec le taux de « graisses saturées ». Ces dernières sont nocives, car elles se déposent sur vos artères et provoquent à long terme des maladies cardiovasculaires. Vous trouverez également les appellations suivantes : graisses saturées, graisses végétales (si rien n'est indiqué, c'est que c'est saturé), graisses hydrogénées. Fuyez s'il y en a trop dans la liste !

Je traque le sucre masqué.

Sirop de glucose, sucre inverti, amidon de maïs modifié, sirop de maïs, sirop de riz = SUCRE. Certaines listes varient les plaisirs et présentent toutes ces appellations en quelques lignes. Vous imaginez la dose… Et sachant que dans le « sucre inverti », le sucre est chimiquement hydrolysé pour que la proportion de saccharose soit plus importante, on a le vertige quand on pense à sa glycémie.

Les protéines de lait.

Ce sont des protéines peu coûteuses pour les industriels, on en trouve en très grande quantité dans les biscuits, notamment. En soi, ce produit n'est pas nocif, mais c'est la quantité qui pose problème. Dans certains biscuits, c'est un peu comme si vous buviez 3 l de lait pour un biscuit de 100 g ! Votre estomac aurait la nausée, pas vrai ? Eh bien là, on vous en fait manger des quantités industrielles (c'est le cas de le dire), et votre corps ne sait pas en métaboliser autant d'un coup.

Le gluten.

C'est le même problème que pour les protéines de lait. Le gluten n'est pas un produit chimique, il est naturellement présent dans le blé. Mais les industriels en ajoutent des doses importantes pour une meilleure conservation – notamment pour rendre le pain de mie plus moelleux. Donc, s'il est indiqué « gluten » dans la liste des ingrédients, cela signifie qu'il a été ajouté et que les doses ne sont pas du tout celles que dame Nature avait prévues pour une bonne digestion…

BIEN MANGER :

mise en pratique !

On entend souvent que bien manger coûte cher, pourtant, quand je ramène le prix au kilo de mes carottes du maraîcher, mon quinoa et ma part de tofu, je suis loin de celui d'un plat préparé ou d'un sandwich de la boulangerie.
Je vais vous partager mes astuces, mes ustensiles, mes aliments fétiches, tout ça sans me ruiner, donc sans vous ruiner ! J'espère vous prouver que manger sain n'est ni plus cher, ni plus compliqué, ni même plus long que de manger des lasagnes surgelées. Et surtout vous démontrer que le ratio avantages / inconvénients d'une alimentation saine vaut le coût / coup de s'y mettre petit à petit. Gardez en tête que personne n'est parfait, que chaque pas que vous faites est un pas de plus vers votre objectif.
Une fois le « quoi » éclairci, je propose de partager le « comment », avec mes astuces pour découvrir votre satiété et votre plaisir ! Le *light*, les protéines végétales, les perturbateurs endocriniens, tout y passe dans cette rubrique pour consommer mieux ; pas pour perdre du poids, mais pour vous aider à prendre soin de votre santé.

DANS MON PLACARD IDÉAL, IL Y A…

Des légumineuses

Lentilles, pois cassés, haricots rouges, pois chiches, fèves… les légumineuses sont riches en fibres, en glucides complexes, en protéines. Elles constituent souvent la base d'une alimentation végétarienne. En y ajoutant une céréale, le plat ainsi constitué apporte la totalité des protéines dont notre organisme a besoin. Les légumineuses ont aussi un index glycémique bas, ce qui évite les Yo-yos de la glycémie qui provoquent les fringales. Si vous êtes omnivore, vous pouvez, si vous le souhaitez, remplacer de temps en temps la viande par un mélange de deux tiers de céréales et un tiers de légumineuses. L'occasion de varier et de découvrir de nouvelles recettes.

Des céréales

Je ne vous parle pas des céréales bourrées de sucre, non ! Je vous parle quinoa, boulgour, épeautre, riz, avoine. Les céréales complètes sont elles aussi riches en fibres et constituent, ajoutées à une légumineuse, une protéine complète. Elles sont un atout pour vos repas, car elles calent bien ! Elles vous donnent de l'énergie car elles sont aussi riches en sucres lents.

N'hésitez pas à user et abuser du quinoa : il est le seul à être une protéine complète à lui seul, car il comporte les différents acides aminés nécessaires à la constitution d'une protéine complète. Il est sans gluten (parfait pour remplacer les pâtes dans vos salades). De plus, il a un faible index glycémique, ce qui vous évitera le pic de faim vers 17 heures.

Des graines

Graines de sésame, de courge, de chanvre, de lin, de tournesol, de chia, c'est l'idée parfaite pour booster vos plats et vos salades. Elles sont pour la plupart riches en protéines (comme la graine de courge ou de chanvre), mais également en vitamines et en minéraux, ce qui est un atout santé non négligeable.

Parmi elles, on trouve la graine de chia, que je vais utiliser dans mes recettes un peu plus loin dans ce livre : c'est un véritable coupe-faim, naturel et sain. La graine de chia gonfle dans l'eau, le lait ou le yaourt, et donne donc de la consistance à un dessert.

Des protéines végétales

Tofu, soja déshydraté, tempeh… n'ayez pas peur de tester, c'est très bon ! Vous pouvez utiliser du tofu soyeux pour vos desserts en remplacement des œufs, mais aussi dans une salade. Je vous conseille celui à l'ail des ours ou aux noisettes, il y a de plus en plus de choix aux rayons bio / végétarien. Je vous proposerai plusieurs recettes faciles, rapides et délicieuses pour les découvrir.

Des boissons et préparations culinaires végétales

Lait d'amande ou de coco, boisson de soja ou de riz, soja cuisine, dessert au soja… il existe aujourd'hui nombre de produits pour éviter le lait de vache. Mais pourquoi ai-je donc arrêté les produits laitiers ? Eh bien je vais juste vous dire ceci : le lait de vache sert à transformer un petit veau en vache de 300 kg, et nous sommes les seuls mammifères à boire encore du lait à l'âge adulte. À partir de là, chacun est libre de se renseigner, moi j'ai fait le choix de les arrêter et ça m'a permis par la même occasion de me débarrasser des ballonnements que je traînais après chaque repas. En effet, les produits laitiers sont indigestes, et contiennent – pour les non-bio – quantité d'antibiotiques et d'hormones. Si vous souhaitez les conserver, privilégiez donc leur version bio. Bon à savoir également : les fromages affinés plusieurs mois (cantal, emmental au lait cru…) sont dénués de lactose, ils sont donc plus digestes. Ce n'est pas un hasard si nos ancêtres en consommaient en petites quantités, mais ne buvaient pas de lait (qu'ils laissaient pour la soupe des enfants, jusqu'à l'âge de 3 ans).

Des légumes

Oui, mais de saison ! On évite absolument les tomates sans goût en hiver, qui sont cultivées sous serre à l'autre bout de l'Europe ou du monde. Opter pour des produits de saison et si possible bio, c'est redécouvrir le vrai goût des légumes. Des légumes qui ont vu le soleil, qui ont supporté la pluie, des légumes parfois moches, mais tellement plus savoureux. Je vous assure, les essayer, c'est les adopter. Pour moi, repasser aux produits de saison et bio, ça me rappelle les légumes du jardin de mon cher papi, cultivés avec amour, sans pesticides, prêts à être croqués à peine cueillis, le plus grand risque étant qu'un chat de passage ait fait pipi dessus !

J'ÉQUIPE MA CUISINE

En soi, manger sainement, ne vous demandera pas un investissement trop lourd, ce que vous cuisiniez avant aura autant d'utilité maintenant. En revanche, votre four micro-ondes va se sentir un peu délaissé. Néanmoins, si vous voulez aller plus loin, je vous conseille d'investir dans quelques ustensiles, voici la liste de mes indispensables en cuisine :

Un cuit-vapeur en inox

Alors au départ j'utilisais un cuit-vapeur au micro-ondes : un engin en plastique, avec un fond d'eau, dans lequel je mettais mes légumes crus (viande et poisson, ça marche aussi) et que je mettais quelques minutes au micro-ondes. En apparence, c'est sain : les légumes et la viande cuisent très vite, restent tendres, et ce, sans matière grasse. Mais en réalité, on se gave de produits toxiques : perturbateurs endocriniens de toutes

sortes migrent du plastique à la nourriture. Bon appétit... Alors j'ai troqué mon cuit-vapeur en plastique contre la version en inox, à utiliser dans une casserole : même principe, on déploie le cuit-vapeur en forme de fleur, on met un fond d'eau à bouillir dans la casserole et on le recouvre avec un couvercle. Vous aurez les mêmes bénéfices que l'autre, mais sans les perturbateurs endocriniens.

Des bocaux en verre

Toujours à cause des perturbateurs endocriniens, j'ai troqué le plastique de ma cuisine contre son équivalent en verre ou en inox. Pour mes gamelles, j'ai choisi du verre avec un couvercle sans bisphénol A, que je peux chauffer au micro-ondes du bureau (même si la cuisson au micro-ondes est à éviter pour préserver les bienfaits des aliments). J'utilise ces mêmes boîtes pour stocker les restes, le trop-plein de légumes de saison, ou encore pour conserver des herbes fraîches au congélateur.

Les bocaux vont de pair avec une attitude plus écolo et responsable. Depuis que j'ai pris conscience de mon impact et de mon pouvoir en tant que consommatrice, j'ai décidé de faire ma part en limitant aussi mes déchets. En plus, je fais des économies ! J'achète mes produits secs (lentilles, riz, pâtes, avoines, graines, oléagineux, etc.) dans des boutiques en vrac – elles se répandent de plus en plus et si vous n'en avez pas près de chez vous, sachez que certains supermarchés le proposent aussi –, c'est écologique, économique et en plus, j'ai maintenant une jolie cuisine avec tous ces jolis bocaux dépareillés (vous pouvez recycler des pots de cornichons, pour ma part, je chine des bocaux chez Emmaüs).

Un germoir

Les germoirs c'est la culture des vitamines, des minéraux, un concentré de bonnes choses pour pimper vos plats et salades et profiter de leurs bénéfices. Vous pouvez en acheter tout faits ou les faire vous-même (vous trouverez plein de « tutos » sur YouTube à ce sujet). Les graines germées ont mille et une vertus, chacune a la sienne, alors j'ai trouvé un super site qui les regroupe pour faire le plein d'informations : http://www.mes-graines-germees.com

Un blender

Le mien, je l'ai eu pour trois fois rien dans un supermarché *low cost*, il est en verre et fonctionne parfaitement. Il me permet de faire smoothies, compotes, glaces, le plus sainement possible. Par exemple, l'été, au lieu d'acheter un pot de crème glacée (bien que ça m'arrive aussi, hein), je me concocte un sorbet maison : des framboises congelées, de l'eau, un peu de basilic et de jus de citron, on mixe le tout et le tour est joué ! Pour les smoothies, je mixe légumes et fruits. Je l'utilise aussi pour faire du lait d'amande ou de la purée d'oléagineux maison. C'est un outil parfait pour l'été !

Le reste du temps, un bon couteau, de la bonne volonté et l'envie de bien faire vous suffiront amplement.

Je fais la chasse au plastique

Même si les industriels ont revendiqué pendant des années l'innocuité des matières plastiques, il est désormais reconnu que certaines molécules de ces matériaux ont la capacité de « migrer » dans les produits que nous consommons : phtalates, bisphénols, etc., ce sont des perturbateurs endocriniens. Cela signifie : prise de poids et stockage des graisses par l'organisme.
En effet, des chercheurs de l'université de Californie se sont aperçus que les molécules chimiques de synthèse perturbaient l'assimilation des lipides dans notre organisme. Des souris mises en présence de ces substances devenaient obèses, alors qu'on les nourrissait exactement de la même manière qu'un second groupe de même race, non exposé aux molécules chimiques. Chez l'être humain, les chercheurs ont également constaté que la circonférence abdominale des personnes qu'ils ont examinées avait un lien direct avec la présence, par exemple, de phtalates dans le sang : plus la dose était importante dans la composition sanguine, plus la personne avait un tour de taille important. Ces chercheurs ont identifié près de vingt substances chimiques. Aujourd'hui, on a beaucoup entendu parler de la polémique sur le bisphénol A, et celui-ci a été retiré de très nombreux produits. Mais il n'est pas le seul en cause ! D'autres sont actuellement incriminés, car ils provoquent les mêmes effets. Alors, en matière de nutrition et de santé, remplacer un plastique par un autre plastique « aux normes », ce n'est pas la solution...

QUELLES SONT LES SUBSTANCES LES PLUS RÉPANDUES ?

Le bisphénol A, ainsi que ses dérivés (d'autres bisphénols sont encore autorisés aujourd'hui), sont présents dans les plastiques rigides tels que les bouteilles d'eau en plastique, les fontaines à eau, mais aussi les boîtes de conserve, lorsque l'intérieur est recouvert d'une pellicule blanche. Le film plastique alimentaire en contient également.

Les phtalates sont présents principalement dans les plastiques souples. Les couvercles de Tupperware, les cannettes peuvent en contenir, mais aussi les jouets pour enfants ou les moules à gâteau.

Le PFOA (acide perfluorooctanoïque, oui Madame) est un antiadhésif présent dans les poêles ; on l'appelle aussi « teflon ». Ce PFOA est obésogène. Alors, pour celles qui ont supprimé les matières grasses à la cuisson, ça n'a pas servi à grand-chose !

COMMENT ÉVITER AU MAXIMUM CES SUBSTANCES ?

Vous l'aurez compris, on évite au maximum le plastique lorsqu'il s'agit d'alimentation. On est déjà suffisamment exposé à ces substances sans le vouloir (fenêtres en PVC, etc.). Ça tombe bien : plus on mange simple et bon, moins on est confronté à ces matériaux. Quand on est au fast-food et qu'on gobe son sandwich au-dessus d'une tonne d'emballage, eh bien on prend double peine...

Ensuite, on se débarrasse des contenants en plastique qui sont anciens : plus le matériau est vieux, plus les fameuses molécules passent dans notre alimentation. Donc, les Tupperwares tout jaunis donnés par belle-maman pour meubler notre premier appart', on jette...

On évite au maximum d'acheter des conserves dont l'intérieur est blanc. Comme le fabricant ne l'indique pas sur l'emballage, mieux vaut privilégier les bocaux en verre.

On ne fait surtout pas chauffer du plastique : c'est pire ! Donc on oublie la barquette qui tourne et qui gondole dans le micro-ondes, on fuit le cuit-vapeur en plastique (il en existe en inox, c'est plus cher, mais c'est plus sain et plus résistant), on ne boit pas l'eau d'une bouteille restée au soleil, et encore moins l'eau chaude de la fontaine à eau. On investit dans une bouilloire en inox, pour éviter que le breuvage détox, devienne un breuvage... intox !

Si vous avez les moyens, je vous invite à investir dans un filtre à eau Berkey qui permet de retenir métaux lourds, perturbateurs endocriniens et autres résidus. Sinon choisissez bien votre eau minérale avec un taux nul en nitrates comme l'eau de Wattwiller ou Aquarel par exemple.

On redécouvre la cuisine de grand-maman : vive la terrine en terre cuite, la casserole ultrabasique, et le fait-tout en fonte. En plus, ça muscle les bras et ça fait joli sur la table.

J'APPRENDS À DÉTECTER MA SATIÉTÉ

Je vais tenter de vous guider vers vos sensations, dans la découverte de votre faim et de votre satiété, souvent mise de côté et plus facilement guidée par les injonctions de la société sur l'alimentation que par l'organisme en lui-même.

ON N'ATTEND PAS D'AVOIR TROP FAIM

Vous allez tâtonner, et parfois oublier tout ça et c'est normal, moi-même il m'arrive de me dire, quand mon ventre se met à gargouiller à 10 h 30 : « Non, tu attends, il est trop tôt pour manger » alors que je devrais me dire : « Ah le petit déjeuner n'était pas assez copieux ce matin, tu as faim ? Eh bien mange ! » Je me retrouve alors affamée à ma pause déjeuner et j'engloutis ma gamelle sans en apprécier le contenu, juste pour remplir ce vide. Alors que si je prends quelques amandes quand la faim se fait sentir, j'arrive au déjeuner plus apaisée, prête à déguster tranquillement mon repas. Et le lendemain, je pense à augmenter les proportions au petit déjeuner pour éviter la fringale de 10 h 30.

Je précise aussi que tout ça, je l'applique en tant que jeune femme de 30 ans, travaillant dans une entreprise avec des horaires de déjeuner à respecter. N'allez pas vous dire « c'est facile pour elle, elle peut manger quand elle veut, elle est blogueuse » !

ON SE TESTE ET ON S'ADAPTE À SOI-MÊME

Un repas doit vous tenir environ deux à trois heures avant que la faim se fasse sentir. Si la faim arrive avant, c'est qu'on n'a pas assez mangé au repas précédent : dans ce cas, on augmente la portion la fois suivante. Si en revanche la faim arrive bien plus tard, c'est que vous avez trop mangé. Dans ce cas, on attend d'avoir faim et la prochaine fois, on réduit sa portion.

Par exemple, je me lève souvent vers 7 heures, et je n'ai pas faim, j'arrive au travail vers 8 heures et la faim arrive vers 9 heures. Dans ce cas, j'emporte un porridge dans un pot de confiture vide, que je déguste au boulot. Pas question de me forcer à 7 heures si je n'en ressens pas le besoin !

Mon petit déjeuner me tient jusqu'à l'heure du déjeuner, qui est à 12 heures. Si je n'ai pas faim à midi, je vais marcher avant de manger, et le lendemain, je pense à manger moins le matin. Vers 15 heures, j'ai souvent un petit creux, je mange alors un dessert végétal et un fruit ou quelques amandes avec un fruit, et ça me permet de tenir jusqu'au repas du soir.

Avec le temps, j'ai appris à adapter mes portions, je sais ce que je dois manger pour tenir la matinée, l'après-midi et jusqu'au soir. Vous aussi vous allez tâtonner, mais vous trouverez ce qui vous convient pour être dans le timing avec le bureau ou les enfants.

ON PREND SON TEMPS

Au bout de vingt minutes de dégustation, l'estomac envoie un signal au cerveau pour dire qu'il est plein et qu'il faut arrêter de manger. Donc si vous mangez votre sandwich en quinze minutes, vous aurez sûrement l'impression d'avoir encore faim, et c'est là que vous enchaînerez avec la tarte aux pommes ; ensuite, vous aurez cette sensation d'être gonflée et d'avoir trop mangé. C'est normal, votre estomac n'a pas eu le temps de dire à votre cerveau que seul le sandwich était suffisant...

Mon astuce pour prendre mon temps ? Je pose mes couverts entre chaque bouchée et ne prends JAMAIS de menu ! Car je suis incapable de savoir si j'aurai encore faim pour prendre un dessert tant que je n'ai pas mangé mon plat ! Je préfère revenir pour acheter le dessert si j'ai encore faim plutôt que de me forcer à le manger parce que je l'ai payé.

Bien souvent, je m'aperçois que le plat m'a suffi. Et je vous entends d'ici : « Ah oui, mais j'aime bien finir sur une note sucrée, moi ! » Moi aussi... alors je me fais une tisane aux fruits après le repas, parfait pour la note sucrée et pour la digestion.

ON FAIT UN VRAI REPAS COMPLET

Un repas complet est composé de protéines (végétales / animales), de glucides (complets de préférence, pour leur index glycémique bas et leur richesse en fibres), de lipides (de préférence non cuits) et de végétaux (riches en fibres) : ils ont un impact sur votre satiété grâce à leur pouvoir rassasiant.

ON SE POSE LA QUESTION : AI-JE ENCORE FAIM ?

Rien ne vous oblige à finir votre assiette, et je vous invite en tant que parent, à ne pas le faire non plus avec vos enfants, au risque de perturber leurs signaux de faim et de satiété.

Si vous n'avez plus faim, vous pouvez finir votre plat le soir ; votre dessert peut être décalé au goûter si la faim revient ; à l'extérieur, vous pouvez demander un *doggy bag* !

FAITES-VOUS PLAISIR !

Il est important de satisfaire vos sens, ils vous le rendront ! Manger une salade insipide sans vinaigrette avec du poulet cuit à la vapeur, ça n'a jamais fait rêver personne, ni vous, ni votre estomac et surtout pas vos papilles. Pourtant, des papilles satisfaites envoient plus rapidement un message au cerveau pour dire : « OK les gars, on s'est régalées, on reste là-dessus, arrêtez d'envoyer ! »

Exemple concret : prenez une plaquette de chocolat bas de gamme, vous la mangez sur votre canapé sans faim et sans fin, car vos papilles ne ressentent rien, elles n'envoient donc aucun signal positif. En revanche, achetez une boîte chez un chocolatier, dégustez tranquillement des bouchées, et très vite votre cerveau vous dit stop : tant que vous mangez avec faim, rien n'est interdit, vous pourrez tout à fait manger du chocolat chaque jour tant que vous respectez votre corps, et vous vous rendrez vite compte que finalement, vous en mangerez moins que vous ne le croyez, car c'est l'interdit qui donne envie, c'est se dire « demain j'arrête » qui nous pousse à finir la plaquette de chocolat. Aujourd'hui, pour le goûter, je me laisse plus facilement tenter par un rocher artisanal, parfois même tellement goûteux que je ne le termine pas, et je délaisse totalement le pain au chocolat bas de gamme qui en appellera un autre...

Au secours, j'ai trop mangé ! Que faire ?

T'es là, t'as bien mangé, t'as trop mangé, le dessert avait l'air tellement bon que tu as oublié que ton jean était déjà déboutonné.
Tout d'abord rien ne sert de culpabiliser, on se détend, ça arrive à tout le monde ! Tu as passé un bon moment ? Tu as ri ? Profité de ta famille, mec, amis ? Alors ne garde que le plaisir de ce moment partagé, ce n'est pas grave, c'est ce qu'on appelle tout simplement : LA VIE.
OK, et maintenant on fait quoi ? Parce que là, tu te sens quand même un peu lourde...

SI ÇA ARRIVE AU REPAS DU MIDI

Une petite tisane digestive semble un bon début, à défaut, un thé à la menthe fera l'affaire pour t'aider à digérer. Si tu peux, une petite marche aide à la digestion : emmène tata Claudette et partez vous balader, pas vite, ni trop longtemps, juste le temps de faire « redescendre » la double ration de tarte aux pommes.

19 HEURES, HEURE DU DÎNER, ON MANGE OU PAS ?

Alors là, c'est simple, il suffit de t'écouter, nous avons vu tout au long de ce livre des astuces et conseils pour manger en pleine conscience ; c'est donc le moment de détecter ta faim. Il ne s'agit pas de sauter un repas pour compenser, mais bien de définir si manger est un besoin ou une habitude. Si tu as faim : mange ! Ne te formalise pas sur le contenu de ton assiette et mange ce qui te fait envie à cet instant.

TU N'AS PAS FAIM : EH BIEN, NE MANGE PAS !

Il faut différencier « sauter un repas » et « ne pas avoir faim ». Dans le premier cas, cela signifie que tu as faim, mais ne mangeras pas quand même, ce qui est très mauvais physiquement et psychologiquement, car cela déclenche de la frustration, et risque de provoquer une orgie alimentaire ensuite. En revanche, si tu n'as pas faim, ne pas manger est la réponse normale quand on est à l'écoute de son corps. Dans ce cas, tu peux simplement prendre une tisane ou boire de l'eau pour t'hydrater et si la faim se fait sentir sur le tard, mange un yaourt, quelque chose de léger avant de te coucher.

Si ceci arrive lors du repas du soir, la tisane et une petite marche sont toujours les bienvenues après le repas. Une petite poche de froid peut te soulager si vraiment tu te sens mal, et prends une bouteille d'eau à côté de toi. Le gras, ça donne soif ! Le lendemain, au réveil, une nouvelle fois c'est très simple : tu as faim en te levant, eh bien mange.

J'aime me faire un verre de citron pressé dans de l'eau tiède, ça m'aide à digérer un repas riche de la veille, parfois j'emporte une bouteille d'eau avec du citron pour la journée, ou un thermos de thé à la menthe.

Garde ceci en tête : nous sommes tous différents, ton mec se contentera d'une pomme, ta sœur se jettera sur la baguette ou tata Claudette prendra juste une verveine, il n'y a pas de bonnes réponses, il y a juste une réponse différente pour chaque organisme et chaque personne. La seule chose à retenir, que ce soit le midi ou le soir, que tu sois seule ou accompagnée : tu ne dois pas te forcer ! Tu ne dois ni te forcer à manger du gâteau pour « faire plaisir » ni te forcer à sauter un repas, ou à manger car c'est l'heure. Prends le temps de t'écouter, bois un verre d'eau et détecte si oui ou non tu as faim, tu en as envie. Les autres feront ce qu'ils veulent, le corps n'apporte pas de bonnes ou de mauvaises réponses, elles sont toutes individuelles.

JE DÉCOUVRE LES PROTÉINES VÉGÉTALES

On en a parlé plus tôt, dans « mon placard idéal », mais il est toujours utile de le rappeler : les protéines sont indispensables à notre organisme, au même titre que les lipides et les glucides. Ces macronutriments fournissent de l'énergie à notre corps, mais ils sont également les constituants indispensables de tous les tissus vivants de notre organisme, comme les muscles, les os, etc. Ils sont aussi primordiaux dans la régulation de nos enzymes et de nos hormones.

Dans les pays industrialisés, les protéines végétales sont souvent délaissées au profit des produits laitiers et issus d'animaux. C'est bien dommage, car, lorsqu'ils sont mélangés harmonieusement, ils peuvent combler nos besoins quotidiens en protéines.

Protéines végétales ou animales ?

Les céréales complètes ainsi que les légumineuses sont composées de grandes quantités de protéines. Par exemple, la farine de soja ou le germe de blé en contiennent autant que certains produits laitiers. Il y a cependant une petite différence : les protéines sont constituées d'acides aminés, et certains de ces acides ne peuvent pas être fabriqués par notre corps, celui-ci doit les trouver dans l'alimentation. Or aucune protéine végétale, si on ne varie pas, ne contient les vingt-deux acides indispensables. En revanche, si on prend soin de mélanger systématiquement des légumineuses et des céréales complètes, on obtient largement la ration désirée. Ce n'est d'ailleurs pas un hasard si dans les plats traditionnels anciens, on retrouve ces mélanges dans les recettes : ainsi, il est possible de déguster un plat de quinoa et de lentilles, ou encore de blé et de pois chiches, ou de soja et de riz. Les légumineuses sont d'ailleurs parfaitement digestes lorsqu'elles sont mélangées, alors qu'elles ne le sont pas forcément pour tous lorsqu'elles sont cuisinées seules.

Quelles sont les sources de protéines les plus importantes ?

- **La spiruline.** C'est la protéine végétale numéro 1. Avec 65 g de protéines pour 100 g, elle détrône tous les steaks hachés (25 g de protéines pour 100 g). Certains pays en voie de développement la distribuent d'ailleurs dans les villages pour pallier le manque alimentaire. Bon, d'accord, ce n'est pas très glamour comme plat principal, donc je vous donne ici d'autres sources, et elles sont bien plus amusantes à cuisiner.
- **Le soja** (36 g de protéines pour 100 g). On peut le trouver sous forme de tofu, de soupe ou encore de farine. Attention, ne confondez pas avec les pousses de haricots mungo, que l'on trouve dans les rouleaux de printemps des restaurants chinois. L'usage veut qu'on les appelle « soja », mais il n'en est rien ! En revanche, le soja, le vrai, contient plus de protéines que le bœuf, et les acides gras essentiels qu'il contient permettent de lutter contre le cholestérol – ce qui n'est pas le cas du bœuf, bien au contraire !
- **Les graines de chanvre** (26 g de protéines pour 100 g). Non seulement elles sont riches en protéines, mais elles sont aussi bien pourvues en oméga-3, et en vitamine A, D, E.
- **Les graines de courge.** Elles sont délicieuses à grignoter à l'apéro, et elles contiennent 25 g de protéines pour 100 g. Elles sont également une source importante de calcium.

• **Le beurre de cacahuète.** Le vrai, pas celui qui est cuit, raffiné, et sucré ! Non, les arachides juste fraîches et écrasées. Elles vous apporteront 25 g de protéines pour 100 g, et c'est un vrai régal sur une tartine. On vous l'a dit, on s'en fout des calories.

• **Le sarrasin.** En farine ou en accompagnement, il a une petite saveur douce-amère qu'on adore. Et il fournit 13 g de protéines pour 100 g.

• **Le seitan.** Si vous le digérez, c'est un produit qu'on trouve dans les boutiques bio et qui existe depuis des millénaires. Les moines bouddhistes le consomment depuis toujours. Il s'agit de blé ou d'épeautre fermenté. Il est très riche en gluten (mais comme il est fermenté, sa digestion est très différente), et il explose la barre des 80 g de protéines pour 100 g, soit deux fois un rôti de porc pour la même quantité. Testez-le sauté à la poêle, c'est délicieux.

Faire son lait d'amande maison

Voici une recette très facile pour concocter votre propre lait d'amande bio.

80 g d'amandes bio décortiquées
1 l d'eau

Rincez et faites tremper vos amandes toute la nuit dans un saladier d'eau.
Le lendemain, rincez abondamment les amandes, puis mettez-les dans un mixeur avec le litre d'eau et mixez. N'hésitez pas à faire des pauses pour éviter de trop chauffer votre appareil.
Ensuite, éliminez les résidus d'amandes (que vous pouvez garder et utiliser dans un gâteau #elyecolo).
Recouvrez un saladier d'un tissu fin, puis versez-y votre lait.
Essorez votre torchon pour ne garder que le liquide et conservez le résidu d'amandes pour une recette de dessert.
Vous obtenez ainsi votre propre lait d'amande crémeux !
Il se conserve 3 jours au réfrigérateur.

JE N'OUBLIE PAS LE BON GRAS

Dans les années 1980-1990, on a banni et diabolisé le gras : si on devenait de grosses vaches, c'était forcément à cause de l'huile. Alors on a tout supprimé. On a croqué dans des carottes à l'eau et des brocolis fades pendant toute une décennie en espérant maigrir... sauf que... pour être en bonne santé et avoir un corps épanoui, le gras, on en a quand même besoin. Alors vive le bon gras !

Dans la nature, et dans notre alimentation, on distingue trois sortes de gras principales :

• **Les acides gras saturés :** on les trouve principalement dans le beurre et la viande, mais aussi les produits gras et cuits, comme les viennoiseries ou les biscuits. Les huiles végétales qui composent ces produits ont été cuites et raffinées, c'est pour cela qu'on dit qu'elles sont « saturées ». Ces graisses saturées ne sont pas mauvaises en soi, elles existent dans les produits naturels tels que la viande ou la crème fraîche. Mais aujourd'hui, avec l'abondance des produits préfabriqués par l'industrie agroalimentaire, on en consomme beaucoup trop et ces graisses se déposent peu à peu sur nos artères – et sur nos cuisses ☺ ! À long terme, on peut rencontrer de sérieux problèmes de santé : cholestérol en excès, problèmes cardiovasculaires, cancers...

• **Les acides gras insaturés :** ce sont des corps gras qui n'ont pas été cuits. Ils sont extraits de la plante par simple « pression à froid ». On trouve notamment les acides gras insaturés dans l'huile d'olive ou l'huile de colza vierge, première pression à froid. Ces huiles sont bien entendu plus coûteuses que les huiles végétales raffinées (parfois jusqu'à dix fois plus cher pour une huile de noisette vierge première pression à froid par rapport à une huile de noisette raffinée et extraite à chaud). Leur coût s'explique par la complexité de l'extraction, mais aussi par la difficulté du stockage et du transport : comme ces huiles sont des produits vivants, elles se conservent moins longtemps.

• **Les acides gras polyinsaturés :** ce sont également des acides gras que l'on trouve dans les huiles vierges de première pression à froid, mais également dans les poissons gras tels que le saumon frais, les sardines, les maquereaux.

Pourquoi c'est bon pour moi ?

Les acides gras insaturés et polyinsaturés sont riches en ce qu'on appelle les « oméga ». Ces oméga, et notamment les oméga-3, présentent de multiples bienfaits :

• ils font baisser notre taux de cholestérol (eh oui ! le bon gras peut faire fuir le mauvais gras !) ;

• ils régulent la production de nos hormones : tandis que les acides gras saturés perturbent notre système endocrinien, les acides gras insaturés, eux, font tout le contraire. Et mieux nos hormones se portent, meilleure est notre humeur, plus belle est notre forme. On recommande par exemple l'huile vierge d'onagre comme régulateur hormonal pour les femmes ;

• ils nous donnent une mine superbe, car ils participent à l'élasticité de la peau ;

• ils préservent notre cerveau, car ils ont une action sur la plasticité neuronale – et pour bien faire circuler les infos, notre corps en a grandement besoin ;

• ils sont riches en vitamines A, E, D, K.

Je les trouve où ?

On peut les trouver en grande surface, si on lit bien les étiquettes. Les huiles doivent porter la mention

« vierge, première pression à froid ». Si on a un doute, mieux vaut se rendre dans une boutique biologique. Dans mon alimentation quotidienne, je peux aussi consommer régulièrement du poisson frais.

Je les cuisine comment ?

Comme tout produit frais, le mieux est d'éviter de les faire chauffer pour profiter de tous leurs bienfaits. Sinon ces huiles miraculeuses se transforment en huiles saturées... Par exemple, je peux préparer des brocolis vapeur, et au moment de servir, j'ajoute un filet d'huile de noisette dessus : c'est succulent.

Comment j'évite les graisses saturées ?

En matière de graisses, tout est une question de rapport et d'équilibre. Si vous consommez de l'huile vierge à chaque repas, mais que vous continuez de dévorer des biscuits bourrés de graisses hydrogénées, ça ne sert à rien. Si vous voulez ressentir les bienfaits de ces huiles, il faut lever le pied sur les graisses saturées et augmenter votre consommation de graisses insaturées. Et ce ne sera pas une mince affaire, car aujourd'hui, en matière de gras, notre alimentation est totalement déséquilibrée. Les pauvres huiles vierges ont quasiment disparu de notre assiette, tandis que les huiles industrielles gagnent du terrain.

Bon à savoir : s'il est indiqué dans la liste des ingrédients d'un produit « huile végétale », cette huile est forcément raffinée. Sinon ils vous le diraient !

Donc, pour rééquilibrer tout ça, j'évite :

- **Les plats préparés** (sur les étiquettes, si je lis « graisses hydrogénées », « huile de coprah », « huile de palme »), je fuis ;
- **Les plats riches en matières grasses saturées :** viande rouge à tous les repas, frites, chips, viennoiseries...

Je privilégie :

- Le filet d'huile vierge sur mes plats déjà cuits.

JE DIMINUE MA RATION DE GLUTEN

Le gluten est une protéine présente dans certaines céréales, et notamment le blé. Elle permet à la pâte à pain de lever correctement, elle assure également le moelleux de la mie. En soi, cette substance est naturelle. On la trouve principalement dans le blé, l'orge, le seigle, et en quantité infime dans l'avoine.

Pourquoi de très nombreuses personnes deviennent-elles intolérantes ?

Le gluten n'est pas une nouveauté de la nature, un produit phare inventé par une société industrielle. Pourtant, on constate que de plus en plus de personnes se disent intolérantes. On a d'abord cru à un phénomène de mode, ou une nouvelle vague de régimes saugrenus venus d'Hollywood. Mais il n'en est rien. monsieur et madame Tout-le-Monde ont de plus en plus mal au ventre : ballonnements, diarrhées, constipation, bref, rien ne va plus dans la tuyauterie, et on se rend compte qu'en supprimant le gluten, ô miracle ! Tout rentre dans l'ordre.

Alors, pourquoi ne digérons-nous plus le gluten ? La réponse tient en un mot : trop c'est trop. Le corps dit stop. Autrefois, c'était dame Nature qui décidait de la juste dose de gluten tolérable par nos intestins. Et curieusement, c'était bien dosé. On consommait du blé ancien dans les campagnes (enfin, à l'époque, il n'était pas ancien, c'était juste du blé), et tout allait bien. Mais aujourd'hui, ce n'est plus dame Nature qui fixe les règles, c'est dame Industrie.

En effet, l'agroalimentaire a changé la donne :

• tout d'abord, on a cherché à créer des blés de plus en plus performants et résistants ;

• les grains ont été calibrés. Tous identiques, c'est plus simple ! Sauf que pour notre estomac, ça revient un peu à manger du plastique en miettes ;

• les grains ont été triés pour bâtir le « blé moderne ». Pour certaines espèces, on ne compte pas moins de dix-neuf chromosomes en plus par rapport au blé d'origine, le petit épeautre ;

• on leur a donné des noms charmants et on a commencé à les commercialiser dans les années 1970 : lerma rojo 64 ; siete cernos ; sonora 64 ; super x 64. Si le nombre 64 revient dans ces appellations, ce n'est pas un hasard, il correspond justement aux nouveaux nombres de chromosomes. Tous ces blés présentent des quantités de gluten jusqu'à 65 fois supérieures au blé d'origine ;

• dame Nature en a perdu son latin : super x64, désolée, mais on ne sait pas le digérer...

Pour couronner le tout, on a ajouté du gluten partout dans les produits tout prêts, parce que c'est un composant peu coûteux, et qui assouplit facilement une pâte. On trouve donc du gluten ajouté à la farine de blé moderne dans les pizzas, les pains, les pains de mie...

Notre pauvre organisme fait ce qu'il peut pour digérer ce nouveau gluten artificiel. Mais notre ventre gonfle, notre peau se couvre parfois de boutons, on a des fringales, on se sent fatigué ou irritable, on en perd parfois le sommeil...

Faut-il supprimer le gluten ?

Si on n'a pas d'allergie avérée, il n'y a aucune raison de supprimer totalement le gluten. C'est un peu comme si on disait : les industries rejettent trop de gaz carbonique dans l'air, alors on vous conseille d'arrêter l'air, et surtout de ne plus respirer. En revanche, on peut stopper le gluten pendant trois semaines pour voir comment notre corps réagit. Ça ne mange pas de pain, c'est le cas de le dire ! Ensuite, on peut réintégrer petit à petit le gluten pour voir quelle dose notre corps va supporter réellement.

Comment réduire naturellement sa consommation de gluten ?

On évite :

- les pains qui contiennent du gluten ajouté à la pâte (viennoiseries, pains de mie, pains de supermarché) ;
- les pains extra blancs légers et gonflés ;
- les pizzas industrielles à la pâte « ultra-gonflée », « ultra-moelleuse ») ;
- les glaces industrielles (eh oui, ils en mettent aussi là-dedans) ;
- les frites industrielles (eh oui, ils mélangent la patate au gluten, c'est moins cher !) ;
- le régime alimentaire tout blé (des pâtes midi et soir).

On essaie :

- de diversifier ses féculents : on alterne pommes de terre, riz, maïs, quinoa ;
- les céréales ou graminées oubliées qui n'en contiennent pas : sarrasin, fonio, millet, amarante, lentilles vertes ou corail, pois cassés ;
- les pâtes de sarrasin, de farine de lentille ou de riz ;
- la farine de petit épeautre (le blé ancien) et tant qu'à faire, on essaie de faire son pain soi-même ;
- de manger du chocolat noir, des bananes, des noix, des amandes, des pétales de maïs ou du riz soufflé, des cracottes à la farine de châtaigne, en cas de petit creux.

Bref, on diversifie !

Que penser des substituts sans gluten ?

Vous ne voulez plus manger de gluten ? Qu'à cela ne tienne, les industriels ont la solution ! Vous ne supportez pas le gluten ? Pas de problème, on vous vend l'équivalent sans gluten, et on vous fait payer votre choix trois fois plus cher. Sauf que remplacer de la nourriture industrielle par de la nourriture industrielle, ça rapporte beaucoup à certains, et nous, on continue de mal manger.

Si vous remplacez des biscuits traditionnels par des biscuits sans gluten, vous allez y gagner des additifs en plus. Inutile de chercher à faire sans blé ce qu'on ne peut pas faire sans blé. Par exemple, j'ai trouvé dans une pâte à tarte sans gluten plus de quinze ingrédients différents dont les deux tiers étaient des additifs, tandis que la pâte à tarte classique contenait simplement du blé, des œufs... Alors, si c'est pour manger du E464 à la place du gluten, passez votre chemin : l'hydroxypropyl méthyl cellulose n'est pas plus digeste pour votre estomac, il est issu des nanotechnologies. Quant au E471 qu'on trouve dans les pâtes sans gluten non bio, il s'agit de monoglycérides et diglycérides d'acides gras, autrement dit des graisses partiellement hydrogénées et classées potentiellement cancérigènes par l'Artac (Association pour la recherche thérapeutique anticancer).

Alors, on mange quoi ?

On ne cherche pas à faire un copier-coller de son alimentation industrielle... le chimique reste le chimique, même sans gluten. Ne tombez pas dans le piège, vous allez vous ruiner sans plaisir. Si vous consommez des produits qui ont poussé dans le sol, qui ont été cuisinés par vos soins, vous allez réduire automatiquement votre consommation de gluten.

EXEMPLE D'UNE JOURNÉE

naturelle, savoureuse, et sans gluten

LE MATIN

Pétales de maïs nature avec de la cassonade
Jus d'orange frais

À 10 HEURES

Une banane
Trois carrés de chocolat noir

À MIDI

Pommes de terre épluchées par vos soins, sautées en persillade
Pois cassés au soja cuisine
Yaourt à la confiture de myrtilles

À 16 HEURES

Galette de sarrasin au beurre salé

LE SOIR

Salade verte
Lentilles corail au lait de coco
Salade de fruits frais

JE DÉCOUVRE LES SUPER GRAINES, LES BAIES, LES CÉRÉALES OUBLIÉES

Aujourd'hui, quand on consomme autre chose que du blé, on se fait souvent traiter d'oiseau ou de fille bizarre qui mange des graines. Sauf que derrière nous, il y a vingt siècles d'êtres humains qui les ont consommées, ces graines, tout simplement parce qu'elles poussaient naturellement autour d'eux. En un siècle et demi, notre façon de nous alimenter s'est considérablement appauvrie. Et si on enrichissait un peu tout ça ? Vive la variété !

À mixer et à saupoudrer

Lin. Les graines de lin peuvent être dorées ou brunes. Elles sont particulièrement riches en oméga, surtout si on les consomme crues. Et les oméga, on en manque cruellement dans notre alimentation moderne. On peut les saupoudrer sur une salade ou une soupe en fin de cuisson. Elles sont également riches en mucilages, c'est-à-dire qu'au contact de l'eau, elles forment une substance visqueuse qui fait le bonheur de nos intestins. Si on ne trouve pas ça top top tel quel, on peut les mixer avec un moulin à café. On obtient ainsi une farine toute fraîche, très riche en oligoéléments. Et on la saupoudre sur nos plats !

Chia. Les graines de chia sont toutes petites. Elles présentent des qualités similaires au lin et ont un avantage sur les précédentes : elles sont minuscules, il n'est donc pas nécessaire de les mixer. On peut les mélanger à son muesli. On vérifie juste qu'elles ne nous restent pas entre les dents !

À grignoter

Courge. Cric crac croc ! C'est super bon à l'apéro ! Les graines de courge crues sont très riches en magnésium, en zinc et en oméga-3. Elles sont également une source importante de protéines. Elles sont très faciles à emporter quand on a un petit creux. Donc on n'hésite pas, on teste ! Mais attention : on se méfie, et on lit bien les étiquettes. Pour profiter de tous les bienfaits des graines de courge, on les choisit crues. Celles qui sont grillées, salées... on oublie.

Goji. Les baies de goji sont riches en antioxydants, particulièrement en vitamine C. C'est ce qui leur vaut cette réputation de « fruit de jouvence ». En plein cœur de l'hiver, cette petite baie peut nous aider à lutter contre les maux hivernaux. Et c'est bien plus sympa à savourer que des cachets de vitamine C de synthèse ! Attention à bien lire les étiquettes avant d'acheter. Les baies de goji sont délicieuses telles quelles. Inutile de choisir celles qui ont été transformées.

À cuisiner

Millet. Nombre de personnes pensent que le millet est réservé aux oiseaux. Je pense que nos ancêtres se marreraient bien s'ils entendaient ça. Pourtant, c'est dommage de s'en priver, car voilà une céréale complète particulièrement facile à cuisiner : vingt minutes de cuisson seulement ! Ajoutez ensuite un peu de beurre, d'huile de noisette, ou encore de la sauce tomate et de l'huile d'olive, et passez le tout au four pendant un quart d'heure. Si vous avez préparé un plat en sauce pour l'accompagner, c'est un régal, car le millet « boit le jus ». Si vous supportez mal le gluten, le millet est votre ami.

Sarrasin. Le sarrasin fait partie de la famille des graminées. Heureusement que les Bretons ont continué à le cuisiner pour leurs galettes, parce que sa farine serait elle aussi partie aux oubliettes alors que de très nombreux départements français se nourrissaient uniquement de farine de sarrasin. Cette farine ne contient pas de gluten. C'est aussi un excellent probiotique : il va chouchouter votre intestin et contribuer à la reproduction des bonnes bactéries de la flore.

Petit épeautre. C'est l'ancêtre du blé, qui n'a pas été génétiquement modifié. Il est intact ! Alors je ne peux que vous inciter à acheter ce type de blé, si vous vous lancez dans la préparation de pains ou de crêpes ! Il est bien plus digeste que le blé moderne. Son seul défaut : on ne le trouve qu'en magasins bio, et il est souvent proposé sous forme de farine intégrale. Pour vous habituer peu à peu à sa saveur, vous pouvez la couper avec de la farine bise ou blanche de grand épeautre (grand épeautre = blé).

La châtaigne. Ce n'est pas une céréale, elle ne contient donc pas de gluten. Son petit goût mi-sucré mi-salé fait le délice des papilles. Avec sa farine, vous pouvez réaliser des pains plats ou des galettes. Et bien sûr, quand c'est la saison, faites-en griller quelques-unes pour l'apéro !

Le lupin. Il s'agit d'une légumineuse qu'on connaît mal, c'est bien dommage, car elle est extrêmement riche en protéines. La farine de lupin présente l'avantage de donner de l'onctuosité aux recettes. Elle peut remplacer les œufs dans un gâteau, si vous y êtes allergique ou intolérant.

Graines = produits vivants

Si vous les achetez crues et sans additifs, toutes les graines sont des produits vivants… et comme tout produit vivant, vous risquez de vous retrouver avec quelques surprises dans vos placards si vous ne les conservez pas dans des récipients parfaitement hermétiques : mites alimentaires, charançons, et… souris, si vous habitez une maison ! Ce qui est amusant, c'est que les souris négligeront les graines cuites, raffinées ou additionnées de sucre et se jetteront sur les produits vivants que vous leur « proposerez ». C'est plutôt bon signe !

J'APPRIVOISE LE SUCRE

Sucres lents, sucres rapides, céréales complètes, comment s'y retrouver ? Il y a sucre, sucre et sucre. Eh oui ! Je distingue trois catégories d'aliments qui apportent des glucides à notre organisme : les aliments de saveur sucrée ; les aliments de saveur non sucrée, mais raffinés ; et les aliments de saveur non sucrée, et non trafiqués. Ces trois catégories présentent un index glycémique différent, je vais vous expliquer pourquoi.

L'index glycémique, c'est quoi ?

Notre corps a besoin des glucides pour faire fonctionner la machine. Il peut les trouver dans les aliments que nous lui apportons, soit de façon déjà décomposée, soit « à décomposer ». Si c'est déjà décomposé, ça va directement dans le sang. On dit que ce sont des sucres « rapides ». Il peut s'agir du glucose, du fructose (présent dans les fruits), de la saccharose (qu'on trouve dans le sucre de table), ou encore du lactose des produits laitiers. Les autres sucres sont plus longs à digérer, car l'organisme va devoir décomposer la molécule. Ce sont des sucres lents.

On dit que les sucres rapides ont un index glycémique élevé car, en passant rapidement dans le sang, ils font augmenter le taux d'insuline très rapidement. Les sucres lents ont un index glycémique bas, donc le taux d'insuline augmentera moins vite.

Pourquoi les sucres rapides fatiguent-ils l'organisme ?

Plus l'index glycémique est élevé, plus l'aliment va nous donner la pêche… en apparence. Quand on a un coup de barre, on a souvent envie de manger ou boire du sucré, car on sait que l'afflux de sucre va nous rebooster… Seulement, cela ne dure qu'un petit moment. Une fois l'effet magique passé, la fatigue revient de plus belle, et avec elle, une fringale monumentale. Notre corps, qui a bien compris qu'il s'agissait d'un leurre, nous demande de la nourriture, de la vraie. Celle qui cale, pas celle qui booste. Et nous, comme on se sent crevés, eh bien on a tendance à lui renvoyer une dose de sucre… et c'est sans fin… plus on est fatigué, plus on se fatigue.

En revanche, si on consomme des sucres lents, notre organisme aura de quoi carburer pendant un bon moment, et notre corps sera rassasié. Ce n'est pas un hasard si les grands sportifs mangent des pâtes avant de courir un marathon.

Mais là-dedans, il y a un petit piège, parce qu'on peut distinguer les vrais sucres lents, ceux qui contiennent des vitamines, des sels minéraux et des oligoéléments, et les faux, ceux qui contiennent uniquement de l'amidon, une touche de gluten, et beaucoup de vent…

Pourquoi le pain blanc et le pain au son nous fatiguent-ils tout autant ?

Le pain blanc, les pâtes blanches, le riz blanc sont des produits raffinés qui acidifient notre organisme. En revanche, un pain complet fabriqué avec un levain naturel est ultra-nutritif, car il est composé de farine non raffinée. Prenez un grain de riz blanc et plantez-le dans un pot. Vous pouvez attendre et arroser, il ne se passera rien. C'est un aliment mort duquel on a enlevé le germe et l'écorce. Prenez un grain de riz complet et plantez-le : la graine se mettra à vivre. Ce discours, vous l'avez peut-être déjà entendu, et les fabricants de pain aussi. Pas de souci, ils se sont adaptés à la demande en ajoutant sur leurs parquets « complet », « au son », etc. Lisez la composition : la farine complète, c'est de la farine complète. Si la farine est blanche avec du son ajouté, c'est toujours de la farine raffinée, avec du son raffiné pour lui donner une couleur marron. Dans le meilleur des cas, ça vous aurez mal au ventre, et vous en conclurez que « vous ne supportez pas la farine complète ». Sauf que ce n'en est pas !

Compter les calories : pourquoi ça ne sert à rien

Ça fait au moins vingt ans que les femmes sont obsédées par le nombre de calories qu'il y a dans un aliment ; c'est parfois une telle obsession que certaines d'entre nous ne regardent même pas la liste des ingrédients. Si c'est trop calorique, *no way*. Pourtant, elles se plaignent toujours autant de la taille de leur popotin…

Voici huit raisons d'arrêter de se stresser sur un chiffre :

NOTRE ŒIL EST PARFAITEMENT CAPABLE DE SAVOIR CE QUI EST BON POUR NOUS

En fait, à l'époque où le poisson n'était pas rectangulaire et quand les barres chocolatées ne poussaient pas sur les arbres, notre œil était parfaitement capable de juger de la quantité d'aliments nécessaires pour qu'on se sente bien et rassasié. Aujourd'hui, vous voilà obligée de lire les étiquettes, sans faire confiance à votre organisme.

Le plus simple dans l'histoire, c'est encore de manger ce que dame Nature a prévu de faire pousser. Pas besoin ni de savoir lire ni de calculatrice.

IL Y A CALORIES ET CALORIES

Par exemple, vous vous enfilez 300 kcal de chips. Et le lendemain, vous mangez pour 300 kcal de ratatouille. En théorie, sur le papier, c'est la même chose. En fait, il n'en est rien. Dans le premier cas, vous avez consommé ce qu'on appelle des « calories vides », c'est-à-dire du gras et du sel qui n'apportent aucun nutriment à votre organisme, et dans le second vous avez fait un repas riche en oligoéléments, fibres, vitamines…

Donc, votre corps ne va pas réagir de la même façon. Avec les chips, il va vous dire : OK, c'est pas tout ça, mais qu'est-ce qu'on mange ? Parce que là, on ne m'a pas nourri… et dans le second il va se sentir heureux, rassasié, et vous aussi.

CERTAINS PRODUITS ZÉRO CALORIE SONT OBÉSOGÈNES

Ce n'est pas parce qu'il n'y a pas de calories que vous ne grossirez pas. Prenons l'exemple du soda *light*. L'aspartame qu'il contient modifie la flore intestinale et trouble le message envoyé à votre

cerveau. Il va se produire l'effet inverse de celui escompté : en buvant ce genre de boisson, vous allez stocker le gras dont vous ne voulez pas. Parce que votre corps ne sait pas lire « aspartame ». Alors il est tout perdu...

EN FAISANT UNE FIXETTE SUR LES CALORIES, ON OUBLIE LE BON GRAS

Au secours, c'est calorique ! Fuyons ! C'est dommage, parce que les noisettes, les noix, les amandes, l'huile d'olive sont hypercaloriques, mais sont aussi riches en acides gras insaturés, ces fameux gras qui vont vous permettre de vous sentir bien et d'éliminer les mauvaises graisses !

« QUAND C'EST "LIGHT", J'EN MANGE PLUS »

Le yaourt est allégé en calories ? Je peux en manger deux, alors ? Et au bout du compte, j'aurai mangé beaucoup d'un produit qui me fait grossir. Pas mal, non ?

CE N'EST PAS CONVIVIAL

J'ai une copine qui passe à table avec sa balance, pour voir combien de calories elle va absorber, grain de riz par grain de riz. Et quand on lui demande si elle veut se servir, elle répond : « Attends, je pèse », au lieu d'essayer de savoir si ce qu'il y a sur la table lui fait vraiment envie.

C'EST STRESSANT ET CULPABILISANT

Au lieu de se faire plaisir quand on en a envie, on mange ses frites en pensant calories, on les digère en se disant « ça craint », et le lendemain on se force à manger des salsifis avec regrets... Tout ça pour un petit chiffre qui s'affichait sur le paquet...

C'EST UNE NORME, ET PERSONNE N'EST DANS LA NORME

La quantité de calories que vous devez ingurgiter au quotidien dépend de votre âge, de votre taille, de votre mode de vie, de votre journée. Donc, évidemment, si vous avez 35 ans, trois enfants en bas âge à gérer, une maison avec des escaliers, un mari qui vous regarde faire, eh bien vous aurez plus faim qu'une fille de 35 ans qui passe ses journées sur Internet à chercher l'âme sœur. Mais ça, ce n'est pas marqué dans le tableau des AJR[1] !

1 Apports journaliers recommandés.

Où trouver des sucres lents et complets ?

Quand on a été habitué dans son enfance au pain de mie moelleux à souhait, le passage au pain complet peut faire un choc. On a un peu l'impression de faire un bond de deux siècles en arrière, ou de tourner dans un épisode de « *Rémi sans famille* ».

Pour découvrir de nouvelles saveurs, on peut y aller progressivement. Il suffit de connaître les codes des farines, elles sont classées par « type » :

- farine type 45 ou T45 : farine blanche, très raffinée, utilisée en pâtisserie ;
- farine T 55 : farine blanche, utilisée pour la baguette ;
- farine T 65 : farine bise, ou grise, utilisée dans le pain de campagne ;
- farine T 80 : farine semi-complète ;
- farine T110 : farine complète ;
- farine T150 : farine intégrale.

Vous pouvez tout à fait trouver une solution sans forcément revenir à une alimentation moyenâgeuse !

Sinon, vous pouvez aussi varier les céréales en en cuisinant certaines qui ne sont traditionnellement pas raffinées : le millet, le quinoa… Pensez également aux légumineuses qui vous apporteront des sucres lents et plein de protéines, comme les lentilles, les pois chiches, les pois cassés…

L'ARNAQUE DES PRODUITS " LIGHT "

Contrairement à ce que vous pouvez penser, je ne vais pas comparer dans cette rubrique les calories des produits, et vous dire qu'au final, c'est mieux de consommer tel ou tel produit parce que c'est vraiment plus léger. Les calories, on vient de le voir, on s'en fiche. Par contre, ce qu'il y a dedans, on ne s'en fiche pas, parce que, quand on aime manger et se faire plaisir, on n'a pas vraiment une passion pour les dérivés pétrochimiques cancérigènes et obésogènes. Alors, rangez vos papilles, je vous avertis, ce n'est pas appétissant !

Les produits allégés ne le sont pas vraiment

En matière de législation, un produit est dit « allégé » lorsque la valeur calorique d'un nutriment a été abaissée de 25 % minimum par rapport au produit de référence. Par exemple, si on retire 25 % de gras à de la crème fraîche, le fabricant peut inscrire « allégé »… Sauf qu'il n'y a pas de loi sur l'allègement global du produit. Et comme il faut bien remplacer ce qu'on a retiré (pour conserver le goût du produit), les fabricants ajoutent… du sucre ! Ça vous fait peur ? Pas de problème, ils vont alléger le produit en sucre, et ils vont ajouter des graisses en contrepartie. Entre un yaourt nature et un yaourt 0 % édulcoré, il y a une moitié de courgette cuite à l'eau de différence énergétique.

Les édulcorants sont potentiellement cancérigènes

Présent dans presque cinq mille produits courants et consommés quotidiennement sur la planète, l'aspartame est l'édulcorant le plus répandu, on nous l'impose même dans certains médicaments. Pourtant, dans les années 1980, le E 951 avait essuyé un refus de mise sur le marché par la FDA (*Food and Drug Administration*). La raison ? les études réalisées sur des souris : sur

196 bébêtes auxquelles on avait fait manger de la nourriture à l'aspartame, 96 avaient contracté une tumeur au cerveau. Mais suite à de nombreuses pressions politiques et économiques, le laboratoire Searle, qui avait tenté de placer ce produit sur le marché, a obtenu gain de cause, et en 1994, celui-ci a été finalement autorisé.

On savait déjà à l'époque que l'aspartame, soumis à une chaleur très faible (30 °C), se décompose en méthanol, lequel se décompose à son tour en formaldehyde, acide formique et dikotopipérazine. J'écris ces formules compliquées exprès pour que ça vous coupe bien l'appétit et que ça vous coupe aussi l'envie d'en manger. Ce sont ces substances qui produiraient à la longue les tumeurs cérébrales…

Les édulcorants nous font grossir

L'aspartame est obésogène, et voici pourquoi : notre corps – qui, il faut le dire, est rudement bien fait – produit des enzymes qui nous permettent de bien digérer les graisses et les sucres, et de les assimiler parfaitement selon nos besoins. Ces enzymes nous aident aussi à réguler notre glycémie, c'est-à-dire notre taux de sucre dans le sang. Si nous nous nourrissons normalement, il n'y a aucune raison pour que nous ayons par exemple de brusques fringales, ou que nous ayons la tête qui tourne. Or le E 591 diffuse dans notre organisme un produit qui s'appelle « phénylalamine ». Cette substance inhibe en nous l'action d'une enzyme protectrice, celle qui nous protège des syndromes métaboliques comme l'hypoglycémie, l'hyperglycémie, ou encore le diabète. Au contact de l'aspartame, notre système digestif ne comprend plus rien du tout, et notre intestin se sent agressé. Il ne parvient plus à gérer la phosphatase alcaline, qui est une enzyme ultra-importante dans l'intestin grêle. On a faim, on stocke tout ce qu'on mange, et pourtant on fait *light*… Ça nous déprime, alors on reprend une petite dose de soda au méthanol…

Que penser de la stévia ?

C'est la plante du moment. D'ailleurs, les emballages sont en vert, parce que les fabricants ont bien compris qu'on en avait marre du chimique, et qu'on voulait du naturel. Sauf que la stévia a naturellement un arrière-goût de réglisse très amer. Il est donc impossible de la proposer sur le marché des édulcorants « purs ». Alors on la coupe avec… de l'aspartame (?!) ou de l'érythritol, potentiellement issu de maïs transgénique…

À noter également que, pour être transformée en édulcorant, la plante est décomposée en glycoside de steviol, et on n'a pas vraiment de recul sur ce produit trafiqué. Mais bon, sur l'emballage, c'est marqué stévia, et il y a une jolie feuille dessinée, alors vous pouvez être rassuré… cette fois-ci, on ne se moque pas de vous… Sinon, il y a le sucre de canne ou le miel… mais bon, c'est vous qui voyez…

TEST

Quel type de mangeuse êtes-vous ?

Il y a celles qui ont tendance à se jeter sur le camembert, et d'autres qui préfèrent la portion Apéricube. Quelle est votre façon de manger ?

1. 18 H 30, VOUS RENTREZ DU TRAVAIL EXTÉNUÉE :

● Vous sortez un paquet de biscuits apéritifs et vous le mangez tout en surfant sur votre tablette.

♦ Vous ouvrez la porte du réfrigérateur, et vous mangez ce qui vous tombe sous la main, en espérant ne plus ressentir cette fichue fatigue.

★ Malgré la fatigue, vous aiguisez votre couteau pour vous préparer un carpaccio de tomates avec de fines tranches de mozzarella.

■ Vous aimeriez vous affaler sur le canapé et enfourner un plat préparé dans le micro-ondes, mais vous savez que ce n'est pas très bon. Alors vous optez pour quelques surimis. C'est *light* en calories. Bon d'accord, il y a du glutamate dedans. Demain, vous ferez mieux.

2. VOUS ÊTES AU RESTAURANT, ET ON TARDE À APPORTER LES PLATS :

● Ce n'est pas grave, de toute façon vous n'avez jamais très faim.

♦ Vous finissez la panière à pain, et vous attaquez les gressins.

★ Vous vous dites que manger aussi tard, ce n'est vraiment pas bon pour votre glycémie.

■ Vous en profitez pour commander un bon vin en attendant.

3. C'EST L'ÉTÉ, VOUS AVEZ LOUÉ UNE GRANDE MAISON AVEC DES AMIS. L'UN D'EUX EST ALLÉ AU VILLAGE CHERCHER DES CROISSANTS :

● Vous essayez de n'en manger qu'un, mais vous finissez deux pains au chocolat tout en débarrassant la table.

♦ Vous avez peur qu'il n'y en ait pas assez pour tout le monde.

★ Vous savourez une bouchée : vous êtes capable de deviner s'ils sont « pur beurre » ou pas !

■ Zut... il va falloir être poli et en prendre un, ça ne vous arrange pas.

4. VOUS PRÉPAREZ LE DÎNER POUR DES AMIS QUI VIENNENT CE SOIR :

● Vous ne pouvez pas vous empêcher de picorer de-ci de-là un peu de saucisson ou quelques cubes de fromage tout en découpant l'apéro.

♦ Vous prévoyez toujours trop.

★ Vous adorez réaliser des plats en couleur et surprendre vos amis avec des légumes originaux.

■ Vous découpez du saucisson pour Bernard, mais vous prévoyez des légumes croquants pour vous.

5. VOUS PRÉFÉREZ :

● Les tapas.

♦ Les pâtes bolognaise.

★ Les plats locaux.

■ La nouvelle cuisine, très épurée.

6. LA SALADE, POUR VOUS, C'EST :

● Votre repas de midi, surtout trois mois avant la mise en maillot.

♦ Du vent.

★ Ça dépend, quelle salade ? Roquette ? Cresson ? Batavia ?

■ Un aliment riche en vitamines.

7. VOTRE MEILLEURE AMIE MANGE DE TOUT À CHAQUE REPAS, ET POURTANT ELLE NE PREND PAS UN GRAMME :

● Ce n'est pas juste ! Bon d'accord, elle ne force peut-être pas trop sur les crackers entre les repas...

♦ Ce n'est pas juste ! Bon d'accord, peut-être qu'elle ne se ressert pas trois fois.

* C'est normal, où est le problème ?

■ Avec le temps, elle finira par accumuler les kilos, vous verrez.

8. L'ÉTIQUETTE D'UN ALIMENT, VOUS LA LISEZ POUR...

● Vous rassurer sur le nombre de calories.

♦ Vérifier que pour 100 g, c'est OK... sauf que souvent vous finissez le paquet.

* Vérifier l'origine des produits. Si les œufs sont bio et français, c'est quand même mieux.

■ Vérifier qu'il n'y a pas de produits chimiques dans la liste des ingrédients, et pas trop de sucre ni de graisses.

9. AU SUPERMARCHÉ, VOUS PRÉFÉREZ ACHETER :

● Des paquets qu'on peut emporter partout.

♦ Des lots, c'est plus économique.

* Des produits du terroir.

■ Des produits *light*.

VOUS AVEZ UNE MAJORITÉ DE ●

Écureuil : vous êtes une grignoteuse

Tel un écureuil, qui grignote sa noisette tout au long de la journée, vous avez tendance à manger de façon incessante, sans même vous en rendre compte. Mais si on verrouille la porte du placard, alors là vous êtes en stress : il vous faut quelque chose à vous mettre sous la dent ! En revanche, vous n'avez pas trop d'appétit à table. Normal, vous avez boulotté la moitié des dés de jambon avant de les mettre dans la quiche. Du coup il vous arrive de ne pas trop apprécier ce que vous mangez, et vous en voulez parfois aux filles ultraminces qui circulent avec un plateau de cantine bien garni alors que vous vous contentez d'un demi-pamplemousse pour le déjeuner.

Un conseil bodypositive ? Le grignotage, c'est comme la cigarette ou les ongles qu'on ronge, ça calme sur le moment, mais au fond, ça ne fait pas vraiment du bien. Essayez d'avoir vraiment conscience de ce que vous absorbez et de prendre réellement plaisir à le manger. Pour apprendre à apprécier ces moments, concentrez-vous sur les saveurs qui se diffusent dans votre bouche. Surtout, ne faites pas deux choses en même temps !

Et ne vous privez pas aux repas, car c'est un cercle vicieux : comme vous n'avez pas assez mangé, eh bien... vous avez envie de manger entre les repas... et ainsi de suite.

VOUS AVEZ UNE MAJORITÉ DE ♦

Labrador : tout ce qui rentre fait ventre

Avez-vous déjà observé un labrador en train de finir sa gamelle ? En trois coups de langue, c'est plié. Bon d'accord, vos oreilles ne trempent pas dans les pâtes, mais vous avez quand même tendance à manger des quantités importantes en un temps record. Vous adorez vous sentir « bien remplie ». Alors la nouvelle cuisine, avec une mono-asperge et son filet de vinaigre balsamique en entrée, c'est pas trop votre truc.

Un conseil bodypositive ? Ra-len-ti-ssez !!! Prenez votre temps, vous allez peu à peu apprendre à détailler les saveurs. Comme la sensation de satiété intervient au bout de vingt minutes environ, rassurez-vous, vous aurez aussi la sensation d'avoir la peau du ventre bien tendue. Et en plus, vous aurez fait plaisir à vos papilles.

VOUS AVEZ UNE MAJORITÉ DE ★

Chat persan : gourmette étoilée

Pour vous, la nourriture est un miracle que l'on savoure trois fois par jour. Et vous ne vous en privez pas. Vous adorez disposer une jolie table, déguster chaque bouchée lentement et prendre du plaisir à casser délicieusement la croûte sucrée d'une crème caramel avec le dos de votre cuillère (en argent, évidemment).

Un conseil bodypositive ? Surtout, restez telle que vous êtes, car vous vivez en parfaite harmonie avec votre cœur. Et lorsque vous faites un trajet en voiture ou en train, emportez votre gamelle et votre thermos, parce que vous pourriez vous mettre à pleurer face à un sandwich synthétique et une feuille de salade en plastique.

VOUS AVEZ UNE MAJORITÉ DE ■

Toutou renifleur : la nourriture est un vaste sujet

Pour vous, l'alimentation est à la fois source de santé et de minceur. Sur le principe, on est d'accord. Sauf que chez vous, ça prend une tournure un peu médicale. Chaque bouchée est calculée en fonction du poids des ingrédients, de leurs calories ou encore de leur apport vitaminique. Le plaisir passe après. Alors vous avez tendance à craquer, et à vous enfiler d'un coup six Balistos malgré la dose de sucre indiquée sur l'emballage. Et vous vous en voulez. Vous ne devriez pas.

Un conseil bodypositive ? Si dame Nature avait décidé que l'alimentation n'était qu'une histoire de santé et de minceur, elle aurait fait pousser des pilules de toutes les couleurs sur les arbres, avec des étiquettes dessus. On les avalerait chaque matin avec un grand verre d'eau. Sauf que ce n'est pas le cas. En matière d'alimentation, dame Nature a prévu de nous faire du bien d'une façon bien plus globale. Plaisir des papilles, régal des yeux, et bien-être du corps... N'oubliez pas cette dimension ! C'est important pour apprendre à vous soigner, justement : votre corps saura vous guider vers les bons choix. Le mental n'aura qu'à obéir, et le moral suivra.

Résumer… Do / don't avec l'alimentation

DO : Je préfère les petites surfaces aux grandes.

POURQUOI ? Parce que les caddies sont plus petits, j'achète la juste quantité, pas plus.

DON'T : J'évite les hypermarchés bourrés de promotions et de lots.

POURQUOI ? Parce que je ne me rends plus compte des quantités achetées et ingérées. C'est peut-être moins cher en lots, mais je vais en consommer plus… pas très gourmet tout ça.

DO : J'achète ce que je vais réellement cuisiner.

POURQUOI ? Parce que si je me fie au dernier conseil du dernier magazine qui vante les mérites du chou alors que je n'aime pas ça, eh bien je n'en mangerai pas, même si j'en achète pour être une « régimeuse » modèle.

DON'T : J'évite de choisir et de manger des trucs « parce qu'il le faut ».

POURQUOI ? Parce que je préfère laisser parler mes papilles gustatives.

DO : J'achète une bouteille en verre ou en inox.

POURQUOI ? Parce qu'elle est réutilisable et donc bonne pour moi, mon corps et la planète.

DON'T : J'arrête d'utiliser à l'infini ma bouteille d'eau en la remplissant à la fontaine du boulot.

POURQUOI ? Parce qu'elles ne sont pas faites pour ça, le plastique se dégrade au fur et à mesure et dégage des perturbateurs endocriniens dans l'eau que nous buvons. Les bouteilles d'eau en plastique sont à usage unique.

DO : Je choisis des petites portions individuelles, ça me permet de savourer une quantité précise.

POURQUOI ? Parce qu'en vivant en XXL je perds la notion des saveurs, et je confonds « bouffe » et « dégustation ».

DON'T : J'évite de devenir « monobouffe », parce qu'il y a des lots énormes à finir dans mon placard.

POURQUOI ? En consommant toujours le même aliment, je me lasse, je ne savoure plus. Si c'est du fromage blanc pour ma ligne, ça m'ennuie, et si c'est de la pâte à tartiner pour calmer mes nerfs, ça m'ennuie aussi.

DO : Je mise sur les aliments simples comme des yaourts nature, des oranges, du fromage AOC, du coulis de tomates.

POURQUOI ? Parce que ça m'évite d'analyser les étiquettes. Une orange, c'est une orange.

DON'T : J'évite les yaourts préparfumés goût fraise, les jus de fruits déjà pressés, les sauces de pâtes présalées et présucrées.

POURQUOI ? Parce que c'est gavé de sucre et de sel.

DO : J'achète du sucre, du sel et des épices.

POURQUOI ? Pour sucrer moi-même mon yaourt avec de la cassonade ou du miel, pour assaisonner mon coulis de tomates avec des herbes de Provence.

DON'T : Je n'ai pas peur du sucre et du sel, et encore moins du gras. Ce ne sont pas des aliments diaboliques, il suffit que je les utilise moi-même, en assaisonnant en juste quantité.

POURQUOI ? Parce que je ne suis pas un pigeon de l'agroalimentaire, et je sais très bien que dans un yaourt « goût » fraise, il y a en moyenne six cuillerées à café de sucre...

DO : Je fais une liste de courses et je m'y tiens.

POURQUOI ? Parce qu'une fois sur place, cela m'évitera de me laisser tenter par les petits biscuits en tête de gondole.

DON'T : Je ne fais pas mes courses le ventre vide et sans idée précise de menu en tête.

POURQUOI ? Parce que sinon je vais acheter des choses que je n'aurai pas le temps de cuisiner et qui pourriront au fond du frigo, ou des aliments qui avaient l'air jolis dans l'emballage mais qui font peur quand on lit la liste des ingrédients...

MA CUISINE BODYPOSITIVE

15 petits pas pour apprendre à cuisiner et manger sainement

Pour ce programme alimentaire de 15 jours, pas question de parler de régime ou de pesée des aliments. Ici, je vous donne mes recettes préférées, des recettes faciles, végétariennes (forcément, parce que je le suis), parfois même véganes, pour vous montrer que l'on peut manger sain et maison sans passer des heures en cuisine. De plus, ces recettes du quotidien ne nécessiteront pas d'arpenter la ville à la recherche d'un ingrédient que vous paierez cher et que vous n'utiliserez qu'une fois ! Ce programme a un seul but : vous aider à mieux manger sans vous prendre la tête.

Je cuisine chaque jour mon petit déjeuner, mon déjeuner et mon dîner, et ça ne me prend pas beaucoup plus de temps que de sortir une conserve de ravioli, je vous assure. Dans chaque menu, j'ai équilibré les journées à ma façon, et comme chez moi je fais tout à la louche, vous trouverez donc rarement des notions précises de portions ou de poids (sauf pour les desserts). À vous de tester et d'expérimenter ! Je vous laisse adapter mes recettes selon votre faim et votre goût : vous allez voir qu'il est très facile de remplacer un ingrédient par un autre.

Chaque jour, vous retrouverez des recettes ultra simples décrites en quelques lignes, une recette plus approfondie et une astuce cuisine / aliment / course, le tout pour vous faciliter la vie au quotidien. Au terme de ces 15 jours, j'espère que vous serez convaincue que la cuisine maison et végétarienne n'est ni longue, ni coûteuse, ni fade !

Alors, faites-vous plaisir, et n'hésitez pas à inverser les journées du programme ; piochez ce qui vous fait envie le jour où ça vous fait envie, et si ça vous plaît, partagez vos réalisations avec le hashtag #elycuisine !

15 JOURS POUR OUVRIR SON ESPRIT À UN NOUVEAU MODE DE VIE, AVEC PLAISIR, ÉTHIQUE ET FACILITÉ.

Astuce : toutes les recettes peuvent être préparées à l'avance pour les emporter au bureau.

Jour 1

JOURNÉE SANS VIANDE ET SANS BLÉ (OUI, C'EST POSSIBLE !)

PETIT DÉJEUNER (VÉGÉTARIEN, SANS GLUTEN)

• **2 pancakes au sarrasin** avec du miel de châtaignes

• **Thé vert à la menthe bio**

DÉJEUNER (VÉGAN, SANS GLUTEN)

• **Buddabowl végétarien**

Le principe est simple. Mettez des légumes de votre choix dans un petit saladier, une céréale cuite et refroidie (quinoa / riz / boulgour), parsemez de graines. Agrémentez le tout d'une cuillerée généreuse de houmous maison.

• **1 dessert végétal** avec 1 cuillerée à café de confiture

• **1 fruit de saison**

À prendre au moins 1 heure après le repas, pour éviter les ballonnements.

DÎNER (VÉGÉTARIEN, SANS GLUTEN)

• **Salade de lentilles corail, feta, coriandre**

La veille, faites cuire vos lentilles corail, après les avoir préalablement laissées tremper dans de l'eau froide pendant 10 heures. Dans un saladier, mettez 200 g de lentilles corail cuites et 60 g de feta, 1 cuillerée à soupe d'huile d'olive bio, 1 cuillerée à soupe de vinaigre de cidre bio et 1 cuillerée à soupe de coriandre séchée (fraîche, c'est encore mieux). Mélangez le tout, puis ajoutez quelques graines de courge pour pimper votre assiette.

• **1 dessert végétal** avec quelques graines de chia (préalablement trempées dans un bol d'eau et conservées 1 heure au réfrigérateur)

• **Tisane verveine-menthe bio**, avec 1 carré de chocolat noir bio

La recette du jour

PANCAKES À LA FARINE DE SARRASIN

60 g de farine de sarrasin
De l'eau pour obtenir la consistance d'une pâte à crêpes
Graines de chia, copeaux de noisettes ou de coco (selon vos envies)

Mélangez tous les ingrédients ensemble, puis versez-les dans une poêle chaude légèrement huilée, avec un couvercle (pour faire gonfler la pâte). Retournez le pancake quand le premier côté est cuit.
Vous pouvez augmenter les quantités et préparer un grand nombre de pancakes la veille, puis les réchauffer au petit déjeuner. Dans ce cas, faites-les cuire à feu doux avec le couvercle : le temps d'une douche, et c'est parfait !
Je les accompagne de rondelles de banane et du beurre de cacahuète.

Astuce du jour

ATTENTION AU FER !

Si, comme moi, vous êtes une adepte du thé, pensez à le boire en dehors des repas, 1 à 2 heures après. En effet, le thé freine l'assimilation du fer par l'organisme. Dans le cadre d'une alimentation végétarienne, végétalienne ou végane, le fer est un point à surveiller. Alors, pour éviter tout risque de carence, favorisez plutôt les infusions, de préférence bio, pour éviter tout contact des feuilles avec les pesticides.

Jour 2

PAS DE RESTES !

PETIT DÉJEUNER (VÉGÉTARIEN)

• **Pain perdu**

Récupérez du pain rassis et laissez-le tremper dans une première assiette creuse avec une boisson de soja (ou mieux, du lait d'amande fait maison). Battez 2 œufs dans une autre assiette creuse, puis imbibez-y le pain trempé. Faites cuire votre tranche de pain dans une poêle bien chaude, préalablement huilée.

Vous pouvez sucrer votre pain perdu avec 2 cuillerées à soupe de miel ou du sucre de coco bio.

• **1 dessert végétal**, sucré avec des morceaux de fruits de saison, accompagné d'1 cuillerée à soupe de graines de chia (laissées à tremper la veille au réfrigérateur)

DÉJEUNER (VÉGÉTARIEN, SANS GLUTEN)

• **Spaghettis de courgettes à la bolognaise** (découvrez la recette ci-contre)

• **1 fruit de saison** (à déguster une heure après le repas environ)

DÎNER (VÉGÉTARIEN)

• **Salade de chèvre chaud**

Une salade, des feuilles de brick, et hop ! Mettez un morceau de chèvre frais et un peu de miel sur la feuille de brick, puis refermez celle-ci avec un cure-dents pour constituer une aumônière. Faites cuire au four pendant 5 minutes, avant de déposer vos aumônières sur une belle salade verte, avec une vinaigrette maison, bien sûr (huile d'olive et vinaigre de framboise pour son goût sucré).

• **Tisane bio et 1 carré de chocolat noir**, pour terminer le repas

La recette du jour

SPAGHETTIS DE COURGETTES À LA BOLOGNAISE

Pour les spaghettis
150 g de courgettes bio
60 g de soja déshydraté

Pour la sauce tomate
1 oignon
3 tomates

Plongez le soja déshydraté dans de l'eau bouillante et laissez-le se gorger d'eau, sous un couvercle.
Pendant ce temps, lavez, épluchez et détaillez les courgettes en fines lamelles pour en faire des spaghettis (vous pouvez utiliser votre économe). Faites cuire celles-ci à l'eau bouillante, comme des pâtes, à feu doux dans une eau salée, et recouvrez-les.
Ensuite, préparez votre sauce tomate maison (découvrez la recette ci-dessous) et ajoutez-y le soja préalablement égoutté.
Servez les courgettes dans des assiettes creuses et déposez la bolognaise végétale par-dessus. Vous pouvez les parsemer d'emmental ou de parmesan.

Astuce cuisine

LA SAUCE TOMATE MAISON !

On arrête d'acheter de la sauce tomate en boîte quand on peut en faire une en un tour de main. Pour cela, faites revenir 1 oignon dans une poêle huilée, puis ajoutez 3 tomates épluchées et coupées en morceaux. Faites revenir le tout avec du sel, du poivre et des herbes de Provence, et laissez mijoter avec un peu d'eau. Enfin, mixez la sauce. Vous pouvez la conserver quelques jours au réfrigérateur dans un pot en verre hermétique.

Jour 3

VIVE LES PROTÉINES VÉGÉTALES !

PETIT DÉJEUNER (VÉGÉTARIEN)

• **Porridge de fitgirl**

Dans une casserole, faites mijoter ½ bol de flocons d'avoine dans la boisson végétale de votre choix, tout en remuant régulièrement.

Déposez le tout dans un bol, ajoutez quelques fruits rouges congelés (qui décongèleront au contact du porridge), des graines de chanvre, de chia, de sésame riches en nutriments, et terminez avec une belle cuillerée de beurre de cacahuète pour les protéines et le bon gras. Bien entendu, vous choisirez un beurre de cacahuète nature et non cuit (sinon, adieu le bon gras !). Pas besoin de plus pour tenir toute la matinée !

DÉJEUNER (VÉGAN, SANS GLUTEN)

• **Frites de patates douces et steak végétal**

Lavez et coupez des patates douces. Vous pouvez les cuire 5 minutes dans une casserole d'eau bouillante. Dans un saladier, mettez 2 cuillerées à soupe d'huile d'olive, des herbes de Provence, du sel, du poivre et du paprika, puis mélangez. Incorporez les patates douces et mélangez de nouveau. Puis déposez-les sur une plaque dans le four préchauffé, puis sur le gril, pour terminer.

À table ! C'est bon quand c'est chaud !

On accompagne ces frites d'un steak végétal. Pour cela, faites cuire du quinoa avec une sauce tomate maison (retrouvez la recette au Jour 2). Formez une boule compacte, puis faites-la cuire dans une poêle chaude en l'aplatissant légèrement (oui, c'est aussi simple que ça).

• **1 dessert végétal**, avec 1 cuillerée à café de chocolat amer et 1 autre de sucre de coco

DÎNER (VÉGAN)

• **Apéro d'Ely :** houmous maison (pois chiches en boîte et 1 cuillerée à café de tahini mixé), crakers bio, tapenade d'olives noires, chips de légumes, petite sauce aux fines herbes (mixez 1 dessert au soja avec des fines herbes et 1 gousse d'ail), quelques tranches de pain grillé au four

• **Mousse au chocolat végane** (découvrez la recette ci-dessous)

La recette du jour

MOUSSE AU CHOCOLAT VÉGANE

Jus de 1 boîte de pois chiches (ne jetez plus le jus de votre boîte de pois chiches utilisée pour le houmous !)
100 g de chocolat noir bio végan
35 g de sucre complet ou de sucre de coco
5 cl de boisson végétale

Faites fondre le chocolat au bain-marie avec la boisson végétale, comme pour une mousse au chocolat traditionnelle.

Montez le jus de pois chiches en neige (oui oui, vous avez bien lu), puis incorporez lentement le sucre au jus en neige sans le « casser ». Ajoutez délicatement le chocolat (préalablement refroidi).

Déposez la préparation dans des ramequins individuels. Conservez-les au réfrigérateur, avant la dégustation.

Alors, heureuses ?

Astuce du jour

ON MET LE COUVERCLE !

Prenez une plus grande casserole qu'à l'habitude, mettez vos céréales à cuire, recouvrez-les d'eau et, au lieu de mettre le feu à fond et de pester parce que ça ne va pas assez vite, ajoutez simplement un couvercle : vous économisez votre énergie et celle de votre logement ! Laissez cuire à feu doux.

Jour 4

EXOTIQUE

PETIT DÉJEUNER (VÉGAN)

• **Smoothie protéiné**
Mixez des fruits congelés, de l'eau et un peu de protéines de chanvre. Ajoutez quelques graines de chia, et vous voilà prête pour affronter la journée !
• **1 bol de lait d'amande avec des flocons d'avoine**, quelques copeaux de coco, 1 carré de chocolat râpé... et voilà vos céréales au chocolat maison !

DÉJEUNER (VÉGAN)

• **Tofu, sauce soja et riz**
La veille, laissez mariner dans un bol du tofu nature, des oignons finement coupés dans 4 cuillerées à soupe de sauce soja salée.
Le moment venu, faites cuire du riz basmati dans une poêle à bord haut. Pendant ce temps, faites chauffer votre marinade de tofu, puis ajoutez-y le riz cuit et mélangez le tout. Quelques feuilles de coriandre parfumeront ce plat à merveille !
• **Quelques amandes et 1 fruit de saison**, si vous avez un petit creux

DÎNER (VÉGAN, SANS GLUTEN)

• **Curry de lentilles coco**
(découvrez la recette ci-dessous)
• **Tisane et 1 dessert au soja**

La recette du jour

CURRY DE LENTILLES COCO

Lentilles corail
1 oignon
Curry en poudre
Graines de courge
1 brique de lait de coco

La veille, faites cuire vos lentilles corail, après les avoir préalablement laissées tremper dans de l'eau froide pendant 10 heures.
Le jour J, faites revenir 1 oignon et quelques graines de courge dans une poêle huilée. Ajoutez ensuite une brique de lait de coco et du curry doux. Quand le lait est bien chaud, incorporez les lentilles corail et laissez mijoter à feu doux sous un couvercle.

Astuce cuisson

Pour cuire vos lentilles corail sans avoir à les surveiller, placez-les dans une terrine à bord haut, et recouvrez-les largement d'eau. Salez, poivrez, et mettez le tout dans le four. Quand il n'y a plus d'eau, elles sont prêtes !

Jour 5

TRADITION ET MODERNITÉ

PETIT DÉJEUNER (VÉGAN)

• **Bowlcake de fitgirl**

C'est un porridge, mais dans un bol ! Huilez les parois du bol avec un essuie-tout, mettez-y des flocons d'avoine et recouvrez-les de boisson de soja. Placez 1 carré de chocolat noir au fond, quelques fruits rouges congelés au centre, et faites chauffer le tout au micro-ondes (surveillez, pour obtenir une pâte compacte). Ensuite, retournez le bol. Voici un bowlcake, que vous pouvez garnir de quelques copeaux de coco et de graines de sésame.

• **Thé vert bio**

DÉJEUNER (VÉGAN, SANS GLUTEN)

• **Poêlée végétarienne protéinée**

Dans une poêle huilée, faites griller des pois chiches, des graines de courge et du sésame (attention ! Mettez toujours un couvercle, pour éviter les projections de pois chiches dans la cuisine). Ajoutez quelques tranches de tofu fumé.

• **Haricots verts de Maman** (découvrez la recette plus bas), pommes de terre vapeur

• **1 dessert végétal sucré et 1 fruit de saison**

DÎNER (VÉGAN, SANS GLUTEN)

• **Bouillon végan à la japonaise**

Dans une poêle huilée, faites revenir 1 gousse d'ail, des carottes et des poireaux finement détaillés, des dés de tofu (côté réhydraté) et des champignons chinois. Faites cuire des nouilles chinoises dans de l'eau bouillante (Ajouter du miso bio dans l'eau pour une touche asiatique et protéinée). Ajoutez les légumes, le tofu ainsi que de la coriandre. Assaisonnez de sel et de poivre, selon votre goût. Vous pouvez ajouter un peu de sauce soja bio et du gingembre.

La recette du jour

HARICOTS VERTS DE MAMAN

(c'est tout simple, mais tellement bon !)

Haricots verts du jardin, ou haricots verts bio en conserve (en verre)
Persil frais
1 gousse d'ail
Préparation culinaire végétale (soja cuisine, crème de coco, préparation au riz)
1 oignon émincé

Faites cuire les haricots verts dans de l'eau bouillante (s'ils sont frais).
Dans une casserole, faites revenir l'oignon, ajoutez-y les haricots verts cuits, la gousse d'ail, le persil et une brique de préparation culinaire végétale. Mélangez le tout et laissez mijoter.

Astuce du jour

ON CULTIVE SON JARDIN SECRET

Pour pimper vos assiettes, pensez à cultiver votre petit coin d'herbe, avec une jardinière dans laquelle vous pouvez faire pousser très facilement coriandre fraîche, persil, thym, basilic, menthe, etc. Pas besoin d'avoir la main verte, même moi j'y arrive (et je vous assure que c'est un exploit) !

Jour 6

À EMPORTER !

PETIT DÉJEUNER (VÉGÉTARIEN)

• **Votre petit déj écolo** au bureau

Dans un pot en verre hermétique (j'utilise des pots de confiture), mettez 1 dessert végétal nature, 3 cuillerées à soupe de flocons d'avoine, 1 fruit de saison découpé en petits morceaux, et 1 cuillerée à soupe de miel.

• **Thé vert**, dans un thermos

DÉJEUNER (VÉGÉTARIEN)

• **Salade de fruits et de fruits à coque**

Sur un lit de salade verte, concassez des noix et des noisettes, déposez une jolie poire coupée en petits morceaux, quelques graines, la vinaigrette au kiwi de Maman (découvrez la recette à droite), un peu de fromage en morceaux type feta, et vous voilà prête à déguster une salade fraîche et savoureuse ! Accompagné d'une belle tartine de houmous et d'un yaourt, ce repas est parfait avant une virée shopping…

DÎNER (VÉGÉTARIEN, SANS GLUTEN)

• **Pizza d'aubergine**

Tranchez de belles aubergines dans la longueur, puis faites-les revenir dans une poêle huilée de chaque côté. Une fois les aubergines saisies, placez-les sur la plaque du four, étalez une couche de sauce tomate maison par-dessus (retrouvez la recette au Jour 2), et ajoutez-y quelques tranches de tofu fumé. Râpez un peu de gruyère et enfournez le tout 10 minutes environ, à 180 °C.
Accompagnez cette pizza d'aubergine d'une salade de mâche.

La recette du jour

LA VINAIGRETTE DE MAMAN

2 kiwis
*3 cuillerées à soupe de sauce soja sucrée**
1 cuillerée à soupe d'huile d'olive
Jus de ½ citron
1 cuillerée à soupe de miel
Sel, poivre

Épluchez les kiwis et mixez-les jusqu'à obtention une purée bien lisse.
Dans un bol, mélangez la sauce soja, l'huile d'olive, le jus de citron et le miel, puis incorporez-y la purée de kiwi.
Salez et poivrez.
Vous pouvez à présent assaisonner vos salades d'été avec cette vinaigrette légère, sucrée et super bonne…

Astuce du jour

ON ÉVITE LE PLASTIQUE ET ON RECYCLE

Si j'ai appris une chose en 2017, c'est bien la toxicité du plastique, notamment grâce à la lecture du livre *Eat*, de Gilles Lartigot. Deux points à respecter :
– Ne faites chauffer ni plastique, ni barquette de plat préparé, ni Tupperware. Versez votre plat dans une assiette avant de le réchauffer. De plus, n'utilisez pas une bouteille en plastique à plusieurs reprises, car plus le plastique est vieux, plus il est toxique.
– Méfiez-vous des allégations « sans bisphénol ». Le plastique, quel qu'il soit, diffuse des produits chimiques dans les aliments. Le bisphénol a été remplacé par d'autres molécules, et leur toxicité est à l'étude… les fabricants de plastique jouent la montre (et vous, votre santé).

Désormais, je transporte mon goûter dans un pot de confiture. Mes gamelles, au travail, sont en verre, et j'ai investi dans une bouteille en verre.

* *Veillez à acheter vos sauces soja dans les magasins bio. Et lisez bien les étiquettes : le soja doit avoir fermenté naturellement pendant plusieurs semaines. Les sauces soja que l'on trouve dans les autres commerces sont des ramassis de sucres et de sel : ils imitent le goût de la longue fermentation, mais sont indigestes.*

Jour 7

DIMANCHE : ON BRUNCHE ?

PETIT DÉJEUNER (VÉGÉTARIEN)

• **Brunch végétarien** pour un levé tardif :
- *3 mini pancakes au sarrasin (retrouvez la recette au Jour 1)*
- *Chia pudding banane (retrouvez la recette au Jour 8)*
- *1 verre de jus d'orange pressé*
- *1 œuf sur le plat*

GOÛTER (VÉGAN, SANS GLUTEN)

• **Banane-choco-amandes**
(découvrez la recette en face)
• **Thé vert**

DÎNER (VÉGÉTARIEN)

• **Tarte épinards-chèvre**
Faites précuire une pâte brisée bio (si vous avez le talent, je vous laisse la faire vous-même, moi je confesse, je l'achète) au four à 180 °C. Mélangez une brique de préparation culinaire végétale (soja cuisine, par exemple) avec une généreuse poignée d'épinards cuits, quelques copeaux de chèvre frais et un peu de noix de muscade. Déposez la préparation sur la pâte, et faites cuire le tout 20 minutes environ. À déguster sur un lit de salade.
• Pour un petit creux tardif : **une tisane fruitée bio** saura vous satisfaire…

La recette du jour

GOÛTER BANANE-CHOCO-AMANDES

Une recette simple, rapide et efficace pour caler le petit creux de l'après-midi en se faisant plaisir.

1 banane
1 carré de chocolat noir
Quelques amandes

Coupez la banane en rondelles que vous ferez revenir à couvert, dans une poêle, avec de l'huile de coco. Concassez les amandes et déposez-les sur les rondelles.
Une fois les rondelles de banane légèrement caramélisées, déposez-les dans un bol avec les amandes et râpez le chocolat par-dessus (celui-ci va fondre lentement sur la banane bien chaude).
Il ne reste plus qu'à déguster ce goûter à la petite cuillère !

Astuce du jour

JAMAIS DE FRUIT SEUL

Pour écrire un article sur mon blog, je me suis fait aider par une diététicienne diplômée, que vous pouvez suivre sur Instagram sous le nom de @katy_diététicienne_67. Voici ce qu'elle préconise pour réguler votre glycémie et par la même occasion votre appétit : pour le goûter, essayez de prendre, avec votre fruit, des oléagineux et un yaourt, afin d'éviter un pic de glycémie en mangeant le fruit seul.

Comme pour le goûter du jour, on ajoute à notre fruit des amandes pour faire baisser son index glycémique et éviter un nouveau petit creux quelques heures plus tard…

Jour 8

PUDDINGS ET TABOULÉS

PETIT DÉJEUNER (VÉGAN)

- **Chia pudding banane** (découvrez la recette plus bas)
- **2 tartines de beurre de cacahuète cru et bio**
- **Thé vert ou matcha** (pour changer)

DÉJEUNER (VÉGÉTARIEN)

- **Pâtes carbonara végétariennes**

Faites cuire vos pâtes (de préférence complètes, pour leur richesse en fibres et leur index glycémique moins élevé que celui des pâtes classiques). Pendant ce temps, dans une poêle bien chaude, faites revenir un oignon et des morceaux de tofu fumé (ou du seitan pour les intolérants au soja). Une fois le tofu (ou le seitan) et les oignons légèrement grillés, ajoutez du soja cuisine, salez et poivrez, puis assaisonnez de noix de muscade. Incorporez la sauce à vos pâtes, puis garnissez de parmesan ou de gruyère (« garnir », pas recouvrir, hein ?).

- **Une infusion au fenouil ou à la menthe**, pour faciliter la digestion

DÎNER (VÉGAN)

- **Taboulé de quinoa**

Faites cuire du quinoa tricolore. Dans un saladier, mélangez le quinoa avec les poivrons et les tomates détaillés en dés, quelques feuilles de menthe et des raisins secs. Assaisonnez ce taboulé avec du sel, du poivre et de l'huile d'olive.

- **Tisane fruitée, et 1 carré de chocolat**

La recette du jour

CHIA PUDDING BANANE

30 cl de boisson végétale de votre choix
1 banane mûre
2 cuillerées à soupe de graines de chia

Mixez le lait et la banane avant d'y ajouter les graines de chia. Mélangez bien, pour éviter que les graines ne collent entre elles. Laissez la préparation reposer une nuit au réfrigérateur, dans de petits bols individuels. En gonflant, les graines de chia forment un pudding compact et délicieux. Vous pouvez ajouter du cacao cru, si vous le souhaitez.

Astuce du jour

LE LAIT DE CHÈVRE, PLUS DIGESTE QUE LE LAIT DE VACHE

Je suis végétarienne, et je tends vers une alimentation végétalienne : je ne consomme plus de lait ni de yaourt de vache. En revanche, pour le fromage, c'est plus difficile. L'homéopathe de mon père lui avait conseillé, il y a dix ans de cela, d'arrêter le lait de vache, de passer au dessert au soja et de préférer le fromage de chèvre pour éliminer ses problèmes de ballonnement. En effet, le fromage de chèvre est plus digeste, car il contient légèrement moins de lactose que celui de vache, mais il est surtout beaucoup plus riche en acides gras polyinsaturés. Il contient également moins d'hormones de croissance, et les élevages de chèvres sont souvent moins industrialisés que ceux des bovins (et ça, on aime aussi !). Les chèvres ne produisant du lait qu'à la belle saison, tout fromage non affiné à pâte molle est forcément un produit fabriqué à base de lait en poudre. On évite donc toute préparation en brique au lait de chèvre soi-disant naturelle. D'autre part, les fromages bio au lait de vache cru affinés plusieurs mois ne contiennent plus de lactose. Alors à choisir, mieux vaut un bon fromage de pays !

Jour 9

BURGER !

PETIT DÉJEUNER (VÉGAN)

- **Banana bread** (découvrez la recette plus bas)
- **1 dessert végétal** au sucre de coco
- **Thé ou infusion**

DÉJEUNER (VÉGÉTARIEN)

- **Burger végétarien**

Pour préparer le steak de ce burger, vous allez reprendre la recette du steak végétal du Jour 3 et le faire revenir à la poêle. Pendant ce temps, prenez du pain à burger (perso, je préfère les muffins complets, plus intéressants sur le point nutritif). Un peu de sauce tomate maison sur un côté (retrouvez la recette au Jour 2), de la moutarde sur l'autre. Positionnez votre steak végétal au centre, sur de fines lamelles d'oignon rouge, une bonne tranche de fromage de chèvre, de tomate et une feuille de salade.
Accompagnez ce burger de frites de panais (pour les cuisiner, utilisez la même technique que pour les frites de patates douces du Jour 3).

- **1 fruit de saison** coupé en dés dans un dessert végétal

DÎNER (VÉGÉTARIEN)

- **Tarte tomate-mozzarella-moutarde**

Dans un fond de pâte à tarte brisée préalablement précuite au four, étalez de la moutarde. Ajoutez des tranches de tomates sur toute la surface, puis vos tranches de mozzarella. Parsemez le tout d'herbes de Provence et enfournez pour 15 minutes, à 180 °C.
Accompagnez cette tarte d'une salade de jeunes pousses, assaisonnée d'une vinaigrette maison à l'huile d'olive et au vinaigre balsamique.

- **1 dessert nature au soja** avec 1 cuillerée à café de levure de bière (vous pouvez y ajouter 1 carré de chocolat noir râpé)

La recette du jour

BANANA BREAD

200 g de farine (maïs, riz, coco, etc.)
3 bananes bien mûres
3 desserts végétaux
1 cuillerée a café de bicarbonate de soude alimentaire + jus de ½ citron (pour remplacer la levure chimique)
Quelques noisettes

Dans un saladier, écrasez les bananes bien mûres. Ajoutez-y les desserts végétaux et mélangez. Concassez les noisettes (soit dans un petit mixeur, soit au pilon), et ajoutez-les à la mixture. Tout en mélangeant, incorporez 200 g de farine, le bicarbonate et le jus de citron.
Faites cuire 30 minutes au four à 160 °C (vérifiez la cuisson avec un couteau).
Voilà un petit déjeuner, un goûter ou un dessert sans sucre ajouté et sans gluten !

Astuce du jour

LA LEVURE DE BIÈRE

On en trouve en magasin bio au rayon diététique. En plus de donner un petit goût à votre salade, la levure de bière est riche en vitamines B : elle améliore la digestion, et c'est un atout pour renforcer les ongles et les cheveux. À parsemer sur vos salades, mais aussi dans vos yaourts.

Jour 10

SOUPE ET TARTINES

PETIT DÉJEUNER (VÉGÉTARIEN)

• **Tartines salées et protéinées**
Prenez deux belles tranches de pain complet ou de seigle pour leur index glycémique plus faible et leur richesse en fibres. Tartinez la première tranche de fromage de chèvre frais et déposez-la dans le fond d'une poêle huilée. Cassez un œuf bio par-dessus, couvrez et laissez l'œuf cuire sur le pain. Pour la seconde tranche, découpez un bel avocat, et prélevez-en la chair que vous tartinez dessus, puis ajoutez quelques graines de sésame.
• **1 jus de fruit pressé ou 1 beau fruit de saison** pour accompagner ce petit déjeuner

DÉJEUNER (VÉGÉTARIEN, SANS GLUTEN)

• **Galettes de courgettes et pommes de terre** (découvrez la recette plus bas)
• **1 yaourt** (ou dessert végétal) dans un bol, agrémenté de fruits secs et de coco râpée

DÎNER (VÉGAN, SANS GLUTEN)

• **Soupe de lentilles corail et coco**
Faites cuire des lentilles corail dans de l'eau salée, ajoutez-y une brique de lait de coco, quelques feuilles de coriandre fraîche, 1 cuillère à café de curry doux et mixez le tout. Salez et poivrez à votre convenance.
• **Tisane de verveine-menthe** pour faire de beaux rêves

La recette du jour

GALETTES DE COURGETTES ET POMMES DE TERRE

2 belles courgettes
2 belles pommes de terre
1 oignon
1 œuf
Un peu de gruyère
Sel poivre

Faites revenir un oignon finement coupé dans une poêle.
Pendant ce temps, râpez les courgettes et les pommes de terre préalablement épluchées. Passez-les dans un tamis pour les faire dégorger, puis déposez-les dans un saladier.
Ajoutez-y l'oignon, l'œuf et le fromage râpé, puis mélangez le tout jusqu'à obtention d'une mixture compacte.
Faites de petites boules avec la préparation, aplatissez-les pour former des galettes puis faites-les revenir recto-verso dans une poêle bien chaude.

Astuce du jour

MANGER DE SAISON TOUTE L'ANNÉE !

Si vous voulez manger des courgettes en janvier, j'ai une astuce toute simple à vous donner : les congeler !

Quand j'ai beaucoup de carottes ou de courgettes, plutôt que d'en manger pendant deux mois, ou de les voir pourrir, je les congèle. Je cuis à l'eau le légume en question dans une grosse marmite avant de le répartir dans des petits bocaux que je mets au congélo. Ainsi, peu importe la saison, j'ai des légumes français toute l'année !

Jour 11

DES PÂTES ET DE LA PÂTE

PETIT DÉJEUNER (VÉGAN, SANS GLUTEN)

• **Pancake moelleux à la banane**

Dans un bol, mettez de la fécule de maïs (ou de la farine de châtaigne), et ajoutez une boisson végétale (lait d'amande, par exemple) pour obtenir une pâte. Écrasez une banane bien mûre, incorporez-la à la pâte, puis mélangez généreusement.

Cuits recto-verso dans une poêle huilée et bien chaude, vos pancakes seront moelleux à souhait. Avec un peu de beurre de cacahuète et un thé, ce sera parfait !

DÉJEUNER (VÉGÉTARIEN, SANS GLUTEN)

• **Mexicain végétarien** (découvrez la recette ci-contre)

• **1 yaourt** si on a encore un petit creux, ou à décaler au goûter avec 1 fruit et quelques amandes

Astuce du jour :
TRANSFORMER SON NOYAU D'AVOCAT EN PLANTE DÉCORATIVE

Nettoyez le noyau d'avocat que vous allez ensuite laisser sécher deux à trois jours. Enfoncez trois cure-dents sur 2 mm en étoile dans l'avocat que vous allez poser sur un verre. Mettez de l'eau dans le verre de façon à ce que le « cul » de l'avocat (rond) trempe de quelques millimètres dans l'eau et la tête (ovale) reste hors de l'eau. Le noyau va se fendre et une petite racine va finir par germer. À partir de là, vous pouvez mettre votre noyau en terre en laissant les cure-dents (la partie ronde dans la terre), mettez beaucoup d'eau et laissez faire le temps… N'arrosez pas trop et soyez patiente ! Puis partagez vos avocatiers sur les réseaux avec le hashtag #arbredely.

La recette du jour
MEXICAIN VÉGÉTARIEN

Wraps de maïs
1 poivron rouge
1 tomate
1 brique de préparation culinaire végétale (soja cuisine, par exemple)
Fines herbes
Sel, poivre

Pour le guacamole
1 avocat
Jus de ½ citron
Paprika
Sel, poivre

J'achète des wraps de maïs (sans gluten).
À côté, je prépare mes garnitures dans des bols individuels :

- L'incontournable guacamole. Je mélange ensemble 1 avocat écrasé, un filet de jus de citron, du paprika, du sel et du poivre.
- 1 poivron rouge détaillé en petits dés ou fines lamelles.
- Du gruyère râpé.
- Une sauce fraîche répartie dans deux récipients que je prépare avec une brique de préparation culinaire végétale, des fines herbes, du sel et du poivre.
- Je prépare aussi un plat avec une tomate détaillée en petits dés.

Dans un bol, recouvrez d'eau bouillante du soja déshydraté et laissez reposer pendant 15 minutes.
Faites revenir un oignon dans une poêle bien chaude, ajoutez le soja réhydraté, la sauce tomate maison (retrouvez la recette au Jour 2), des fines herbes, du sel et du poivre.
Et voilà, il ne reste plus qu'à garnir les wraps selon vos envies !

Jour 12

SANS LAIT NI GLUTEN

PETIT DÉJEUNER (VÉGAN, SANS GLUTEN)

• **Pancake à la farine de maïs** (vous pouvez reprendre la recette de pancakes du Jour 1) avec du beurre de cacahuète (sans gluten)

• **Thé vert**

DÉJEUNER (VÉGÉTARIEN, SANS GLUTEN)

• **Tortilla de patates** (découvrez la recette ci-contre)

• **1 dessert végétal et quelques amandes**

DÎNER (VÉGÉTARIEN, SANS GLUTEN)

• **Poivrons farcis quinoa-tomate**

C'est très simple. Il vous faudra tout d'abord faire cuire votre quinoa.

Lavez et épépinez un poivron, coupez-le en deux et, avec un filet d'huile d'olive, passez-le quelques minutes au four.

Pendant ce temps, égouttez le quinoa cuit puis mettez-le dans un récipient. Ajoutez-y un peu d'origan et de basilic (frais, c'est encore mieux), de l'ail, du persil, du sel et du poivre. Mélangez, puis incorporez la sauce tomate maison (retrouvez la recette au Jour 2).

Sortez le poivron du four et farcissez-le avec la préparation tomate-quinoa. Déposez un peu de gruyère sur le dessus, et faites gratiner vos poivrons au four pendant quelques minutes pour finir.

• **1 carré de chocolat et une tisane fruitée** devraient suffire après ça !

La recette du jour

TORTILLA DE PATATES

1 belle pomme de terre
1 oignon
3 œufs

Coupez 1 pomme de terre et 1 oignon en lamelles, puis faites-les revenir à feu doux dans une poêle, avec un couvercle.
Pendant ce temps, battez 3 œufs dans un saladier avec du sel et du poivre, puis ajoutez la patate et l'oignon revenus.
Mélangez la préparation et versez-la dans une poêle huilée.
Faites cuire 5 minutes de chaque côté.
Accompagnez votre tortilla d'une belle salade verte.

Astuce du jour

PAR QUOI REMPLACER LE BLÉ ?

Bien je n'y sois pas intolérante, je suis très souvent ballonnée après un repas riche en gluten, alors j'ai testé deux semaines de « gluten free », et j'ai constaté une nette amélioration pendant la digestion. C'est pourquoi je limite désormais ma consommation de gluten, tout simplement.

Vous pouvez remplacer la farine de blé par de la farine de sarrasin, de châtaigne, de maïs, de lentilles ou de coco. Je consomme rarement des pâtes, je leur préfère le riz ou le quinoa. Il m'arrive de manger du pain, mais je favorise toujours le pain au levain, plus digeste.

Jour 13

SANDWICH

PETIT DÉJEUNER (VÉGÉTARIEN)

• **Tartines protéinées**
Du bon pain au levain bio qu'on tartine de beurre de cacahuète, nature, bio et cru, et qu'on recouvre avec des morceaux de banane.
• **Thé vert** pour se désaltérer

DÉJEUNER (VÉGÉTARIEN, SANS GLUTEN)

• **Sandwich wrap**
Tartinez des wraps au maïs de fromage de chèvre frais. Ajoutez des légumes selon vos envies : poivron, tomate, concombre, salade…
Salez et poivrez, puis roulez votre wrap maison !
• **1 belle pomme** (une heure après le repas si vous avez encore faim)

DÎNER (VÉGÉTARIEN)

• **Bouillon de légumes** de Mamie Lyse (découvrez la recette ci-contre)
• **2 tartines de fromage** (à tremper dans la soupe, si vous le désirez)
• **Tisane à la camomille** pour bien dormir

La recette du jour

BOUILLON DE LÉGUMES DE MAMIE LYSE

1 oignon
Poireaux, courgettes, tomates, patates, céleri (selon la saison)
Sel, poivre
Tapioca
1 cube de bouillon de légumes bio (lisez bien l'étiquette : certains cubes, même bio, contiennent du glutamate ou du sirop de glucose !)

Dans une grosse marmite, faites revenir 1 oignon. Ajoutez les autres légumes – poireaux, courgettes, tomates, patate, céleri – et recouvrez largement d'eau. Ajoutez le cube de bouillon de légumes bio. Assaisonnez de sel et de poivre.
Une fois les légumes cuits, réservez-les dans un plat (pour le lendemain).
Dans la casserole, ajoutez 3 cuillerées à soupe de tapioca et laissez cuire à feu doux. C'est le petit secret de ma grand-mère pour faire boire de la soupe aux enfants : les petites boules de tapioca donnent un côté plus fun au bouillon de légumes…

Astuce du jour

YUKA DÉCHIFFRE LES ÉTIQUETTES

J'ai découvert cette application en janvier lors d'une conversation avec ma copine Elodie. Yuka est une application qui analyse vos produits : il suffit de scanner le code barre du produit et l'application vous donne une note sur 100 mais surtout déchiffre les étiquettes à votre place (et faut avouer que c'est bien pratique…). Elle vous indique si le produit est gras, sucré, calorique, mais surtout (et c'est ça qui m'intéresse le plus) elle vous dit si votre produit contient des additifs et notamment des additifs nocifs. Alors oui, il y a des chances que vous reposiez vos produits en rayons après avoir constaté la liste des additifs, très fréquents sur les gouter pour enfants (oui, oui, les industriels de se moquent bien de vos bambins : tant que vous achetez, eux, ils produisent) alors n'oubliez pas que vous avez le pouvoir de faire bouger les choses, si le consommateur ne consomme plus, l'industriel revoit sa copie.

Jour 14

ÇA TIENT DANS UN BENTO

PETIT DÉJEUNER (VÉGAN, SANS GLUTEN)

- **Gâteau au citron** (découvrez la recette plus bas)
- **Thé vert**

DÉJEUNER (VÉGAN, SANS GLUTEN)

Le but du bento est de faire tenir une entrée, un plat et un dessert dans une boîte, comme les Japonais.

- **Premier étage de mon bento :** radis lavés, tomates cerises et carottes découpées avec du houmous maison (retrouvez la recette au Jour 3).
- **Deuxième étage de mon bento :** riz cuit, quelques tranches d'avocat, 1 œuf dur, coriandre, vinaigrette au kiwi de ma Maman (retrouvez la recette au Jour 6).
- **Troisième étage de mon bento :** des fraises coupées en quartiers avec quelques feuilles de basilic frais.

DÎNER (VÉGÉTARIEN, SANS GLUTEN)

- **Soupe recyclée**

C'est bien beau de faire un bouillon de légumes, mais après, que fait-on de nos légumes ? Eh bien, une bonne soupe !
Mettez vos légumes de la veille dans une casserole d'eau qui les recouvre de moitié. Ajoutez une brique de lait de coco pour son petit goût sucré. Assaisonnez à votre convenance, mixez et dégustez !
Pour pimper votre soupe, vous pouvez ajouter des morceaux de tofu fumé préalablement grillés dans une poêle bien chaude.

La recette du jour

GÂTEAU AU CITRON

200 g de farine sans gluten
3 desserts végétaux
Zeste de 1 citron bio (il est très important de l'acheter bio, surtout quand on fait des zestes)
Jus de ½ citron
1 cuillerée à café de bicarbonate de soude alimentaire
1 banane bien mûre

Dans un saladier, mélangez le dessert végétal avec le jus et le zeste de citron, et la banane préalablement écrasée. Incorporez la farine petit à petit avec le bicarbonate de soude alimentaire.
Enfournez pour 30 minutes, à 160 °C, en vérifiant la cuisson avec un couteau.
Pour ce gâteau, j'utilise la banane comme sucrant ; j'économise ainsi 100 g de sucre par rapport aux recettes traditionnelles.

Astuce du jour

ON GAGNE DU TEMPS, ON CUISINE POUR LONGTEMPS

En cuisine, on pense sur le long terme : un bouillon de légumes se transforme en deux soupes pour deux jours. On peut aussi recycler les légumes du bouillon et en faire un gratin.

Si je cuisine du riz, j'en fais toujours plus : une salade de riz facile à emporter ; le soir, on le fait revenir avec du tofu et du lait de coco / curry ; pourquoi ne pas en faire un riz au lait pour le goûter du lendemain ? Ici, on ne jette pas, on recycle !

Jour 15

JE REÇOIS ET JE GRIGNOTE

PETIT DÉJEUNER (VÉGAN)

• On termine **le gâteau au citron**, accompagné d'un **thé vert**

DÉJEUNER (VÉGAN, SANS GLUTEN)

• **Tian de légumes** (découvrez la recette plus bas)
• **1 filet de tofu** à la poêle
• **1 dessert végétal avec 1 fruit de saison**

DÎNER (VÉGÉTARIEN)

Des entrées à grignoter : mousse d'avocat, sauce au soja cuisine et fines herbes, samoussa de légumes au curry, sucettes de tomates cerises, feta au four, blinis au sarrasin

Voici la recette pour chaque tapas :

• **Mousse d'avocat :** *dans un bol, écrasez un avocat, ajoutez un filet de jus de citron et un dessert au soja, puis battez le tout pour faire une sauce onctueuse. Assaisonnez avec du paprika, du sel et du poivre.*

• **Sauce au soja cuisine et fines herbes :** *dans un bol, mélangez le soja cuisine avec 1 gousse d'ail hachée et du persil, puis assaisonnez de sel et de poivre.*

• **Samoussa de légumes au curry :** *déposez tout simplement quelques légumes découpés finement dans des feuilles de brick, puis ajoutez de l'huile d'olive et du curry en poudre. Refermez vos bricks à l'aide d'un cure-dents et faites-les cuire (au four ou à la poêle, selon les goûts).*

• **Sucettes de tomates cerises :** *plantez un cure-dents dans chaque tomate cerise, trempez-les ensuite dans du miel, puis dans des graines de sésame, pour des sucettes sucré / salé.*

• **Feta au four :** *le must que j'ai découvert dans un restaurant grec à Londres, lors de mon super enterrement de vie de jeune fille ! Dans un petit plat allant au four, déposez directement un bloc de feta, assaisonnez celui-ci d'un filet d'huile d'olive et d'herbes de Provence. Enfournez pour 10 minutes à 180 °C (on peut finir sur gril). À déguster avec des crackers que vous pouvez tremper dedans.*

• **Blinis au sarrasin :** *adaptez la recette des pancakes au sarrasin du Jour 1 pour concocter vos blinis !*

La recette du jour

TIAN DE LÉGUMES

Courgettes
Pommes de terre
Oignons
Herbes de Provence
Huile d'olive
Sel, poivre

Épluchez les courgettes, les pommes de terre et les oignons, puis détaillez-les en fines lamelles.

Dans un plat allant au four, disposez vos légumes comme ceci : une tranche de tomate, une tranche de courgette, une tranche d'oignon, une tranche de pomme de terre. Procédez ainsi sur toute la surface du plat.

Assaisonnez avec des herbes de Provence, du sel et du poivre. Arrosez le tout d'un filet d'huile d'olive et enfournez à 180 °C jusqu'à ce que le dessus soit légèrement doré.

BV SPORT

BODY POSITIVE

dans mon corps

LE SPORT ET MOI, *une grande histoire de désamour…*

J'ai toujours détesté le sport, et pourtant je suis devenue Ely Killeuse, la fille sportive qui fait parler d'elle sur la toile ! Voici mon parcours ; il peut faire sourire, ou pleurer…

COMMENT J'AI ÉVITÉ LE SPORT DURANT TOUTE MON ENFANCE

Petite, j'ai fait du sport – du judo, de la danse, du roller –, mais je n'ai jamais tenu sur la durée, je n'aimais pas vraiment ça. Le judo est encore le sport pour lequel j'ai tenu le plus longtemps, jusqu'à la ceinture orange (c'est quand même pas long…), mais je détestais les compétitions, cette pression de devoir gagner, de ne pas décevoir, et même si mes parents étaient plus encourageants que culpabilisants, je n'avais déjà, à l'époque, besoin de personne pour mourir sous la pression.

Au lycée, il y avait le cross en fin d'année, il fallait courir 3 km autour d'une piste et on avait une note définie en fonction de notre chrono. Autant vous dire que j'avais mes règles quatre fois par mois ! Mais au moment de l'évaluation, le prof avait été très clair, « indisposé ou pas, tout le monde court ». OK mais ça, c'était sans savoir jusqu'où j'étais capable d'aller pour ne pas courir…

Attention, le passage qui suit peut heurter certaines sensibilités (ou vous faire sourire !), mais un conseil : il ne faut pas le reproduire à la maison ! Avec mon amie Anne-Sophie, tout aussi passionnée que moi par le sport, nous sommes allées dans l'aile en travaux du lycée Gambetta d'Arras pendant la pause déjeuner, quelques jours avant le fameux cross. Et on s'est claqué la porte coupe-feu sur le poignet, chacune notre tour (oui je sais, vous vous dites « mais pourquoi je lis le livre de cette psychopathe ??? »). J'aimerais vous dire que j'en rajoute, mais mes amis de l'époque peuvent témoigner : il s'agit d'une histoire vraie. Et vous voulez savoir comment nous avons justifié

cet accident rocambolesque ? À l'époque, j'avais des bottes à talons hauts, on est allées à l'infirmerie en disant que j'étais tombée dans l'escalier et que j'avais emporté mon amie dans ma chute. Je vois encore l'infirmière nous dire : « Ah oui en effet, on voit bien la trace des marches. » Quelques heures plus tard, on était aux urgences, avec chacune un petit os cassé au niveau du poignet et deux magnifiques plâtres ! Et le jour J, nous tenions les chronos ! Elle est pas belle, la vie ?! Bon d'accord, mon histoire est affreuse, mais là je pense que vous comprenez toute l'importance du mot « désamour » concernant ma relation au sport.
Jusqu'à mes 25 ans, je me suis inscrite presque chaque année en salle de fitness, consciencieusement, à chaque rentrée, et j'y suis allée quelques fois, je squattais l'elliptique ou le vélo en gardant le nez sur mon portable, parfois un magazine, je pédalais sans conviction et bien sûr, sans plaisir… pour n'obtenir aucun résultat.
En fait, je n'étais pas là par envie, mais par obligation : j'avais du gras, je devais le perdre, point.

LE JOUR OÙ J'AI COMMENCÉ À COURIR

J'ai rencontré mon mari en 2013, et ma vie a pris un autre sens. Lui, grand sportif, partait courir chaque soir et faisait de la muscu à la maison. Moi, je restais là à le regarder, ou je l'attendais sur le canapé.
Un soir, j'en ai eu marre de rester seule, et j'ai décidé de l'accompagner (je précise bien : J'AI décidé, car c'est important que cette démarche soit volontaire et personnelle). On a couru. Je crois que j'aurais pu marcher, ç'aurait été pareil vu ma vitesse, mais je l'ai fait : 30 minutes à me traîner, c'était difficile ! À l'époque, je fumais un paquet de cigarettes par jour et j'avais un bon 80 kg à bouger.
Et puis, j'y suis retournée un jour sur deux. Tous les deux, on passait un bon moment, ça commençait à me plaire. Très vite, j'ai perdu dix kilos, sans m'en rendre compte, juste en me bougeant ! Miracle ! Alors pour améliorer mes performances, j'ai même décidé d'arrêter de fumer. Dernière cigarette le 30 septembre 2013. Je m'en souviens comme si c'était hier. Je suis en train de regarder *Fast and Furious*. La pub arrive, il nous reste une cigarette, on se pose à la fenêtre de mon studio lillois, on la fume ensemble, avec mon mari, on l'éteint : ce sera la dernière.
Depuis, pas une cigarette et ça, juste parce que je l'avais promis à mon mari et que je déteste ne pas tenir mes promesses.

COMMENT JE SUIS DEVENUE ELY KILLEUSE

Ensuite, j'ai stagné… je ne perdais plus de poids et pourtant je courais presque tous les jours. C'est à ce moment que j'ai commencé à vouloir plus. J'ai commencé de nouveaux régimes et je me suis créé un compte Instagram @ely_killeuse pour me motiver.

Je me suis obligée à courir tous les matins à jeun pour maigrir, et à courir plus de 45 minutes, car comme le dit la légende, c'est à partir de là qu'on tape dans le gras, et voilà... la course à pied n'était déjà plus un plaisir, mais bien une façon de maigrir... à nouveau. Alors je me suis laissée emporter par la vague des *fitgirls* : je voulais des abdos, des quadris, je voulais être *fit*, poser comme les vraies. Si je ne courais pas, je culpabilisais de ne pas en faire assez et je recevais parfois des messages du type « ah ! Je cours plus vite qu'Ely_killeuse » et je ressentais cette pression de devoir être performante parce que j'avais des abonnées qui attendaient des résultats... Impossible d'être une sportive Instagram sans avoir un pet de muscle ! Alors j'ai perdu encore plus de poids en combinant un régime hypocalorique.

À l'époque, je suis descendue sous la barre des 60 kg. Sur les photos, j'étais fière et souriante. Mais au fond, j'étais la fille la plus frustrée du Web, je ne prenais aucun plaisir à m'entraîner, je le faisais uniquement par « obligation ». Qu'est-ce que j'aurais dit à mes abonnées si je n'avais pas couru ou fait de la muscu ne serait-ce qu'un jour ? Comment créer du contenu quand on est une blogueuse sport si on ne fait pas de sport ?

Et puis je suis retombée dans mes travers, la frustration a eu raison de moi, j'ai fait des crises de boulimie, j'ai repris du poids, et la course à pied ne pouvait plus rien pour moi... J'étais redevenue un trou béant à remplir d'aliments. Je ne pouvais plus m'arrêter. Pourtant, je continuais à faire le yo-yo, parce que je devais rester la « Ely killeuse, coureuse courageuse ».

Après un énième régime, j'ai de nouveau perdu du poids, et j'ai préparé ma plus grande fierté sportive : un semi-marathon, deux ans après avoir commencé le sport.

J'ai couru mon premier semi-marathon en 2015 à Lyon. Ce fut une expérience enrichissante humainement et sportivement, mais surtout, j'étais fière de ma performance, c'était une revanche sur la Ely du collège que personne ne voulait dans son équipe, de la Ely « quand je te pousse tu roules », de la Ely du lycée prête à se casser le poignet pour ne surtout pas mettre un pied devant l'autre. Mais une fois de plus, j'en ai fait trop, et je me suis blessée : une tendinite qui m'a obligée à arrêter la course à pied pendant plus de six mois. Et devinez quoi ? J'ai grossi, pardi ! J'ai eu mon déclic avec Maxence, le coach dont je vous ai parlé plus tôt dans le livre, quand j'ai commencé le CrossFit avec lui. À ce moment, j'ai eu enfin une vision du sport différente.

À l'époque, je voulais à nouveau faire un régime : on entrait dans l'été, et tout le monde se préparait pour la plage, alors je me suis fondue dans le moule une fois de plus. Maxence m'a concocté le programme alimentaire dont je vous ai parlé plus tôt. Ce n'était pas si mal car, pour une fois, il n'y avait pas de menus de torture et les quantités étaient correctes. Pourtant, au bout de quelques semaines, je n'étais plus motivée.

En parallèle, Maxence m'a fait découvrir le CrossFit, un sport alliant cardiotraining, haltérophilie et gym. Et là, j'ai vraiment découvert mon corps. Je me suis enfin aperçue qu'il pouvait être un atout pour me dépasser. Ce n'était plus seulement comme une enveloppe qui me définissait et que je voulais arracher. Ma relation avec mon corps a pris un tournant, il est devenu mon allié. Je me suis mise à me nourrir pour avoir de la force et non plus pour perdre du poids, et j'allais désormais m'entraîner pour le plaisir. Mes objectifs ont changé, ma vie aussi.

COMMENT J'AI DÉCOUVERT LE SPORT PLAISIR

Après toutes ces expériences, j'ai enfin découvert la différence entre le sport punition et le sport plaisir. À ce moment-là, il n'était plus question pour moi d'être mince, mais d'être forte ! Je ne voulais plus maigrir, je voulais me défouler, performer, soulever plus lourd et sentir toute la capacité que ce corps m'avait cachée jusque-là. Je ne voyais plus le sport comme un moyen de maigrir, mais comme un moyen de m'exprimer. À partir de là, j'ai laissé tomber les pauses de *fitgirl*, j'ai commencé à parler du plaisir de l'entraînement, et à montrer des selfies plus réels, avec des bourrelets s'il y en avait et de la cellulite apparente. C'est là que j'ai compris tout ce qu'il était possible de faire si je prenais la peine d'essayer. Aujourd'hui, il est rare que je passe une semaine sans transpirer, j'ai repris la course à pied et la marche, je me suis même inscrite en salle de sport, et cette fois je vais dans la partie muscu pour profiter pleinement de mon abonnement. Je prépare le 20 km de Paris avec beaucoup d'envie et de plaisir, et tout ça sans pression, car enfin je fais du sport pour les bonnes raisons :

- le plaisir de me dépenser ;
- la santé ;
- l'accomplissement personnel.

J'aimerais vous montrer que vous pouvez bouger et prendre du plaisir à faire du sport, même si vous ne vous sentez pas sportive. Le tout est de trouver VOTRE sport ! Bonne découverte de votre corps, de vos capacités et de votre force.

DÉCOUVRIR LE PLAISIR *dans le sport*

« Ely, comment tu fais pour rester motivée ? » C'est une question qu'on me pose très souvent, et ma réponse est toujours la même : « Je n'ai pas besoin d'être motivée pour faire quelque chose que j'aime. » Avez-vous besoin d'être motivée pour déguster votre éclair au chocolat ? Avez-vous besoin d'être motivée lorsque vous devez vous lever à 5 heures du matin pour passer la journée chez Mickey ? Avez-vous besoin d'être motivée pour trinquer jusqu'à l'aube avec vos amis ? Normalement, vous avez répondu « non » à au moins l'une de ces questions. Eh bien, pour le sport, c'est pareil : oui oui, c'est la nana qui s'est cassé volontairement le poignet qui vous dit ça !

Me lever à 5 heures du matin pour aller courir n'est pas un supplice, je le fais avec plaisir, car je connais désormais le sentiment de bien-être que cela me procure tout au long de ma journée. Faire du CrossFit après une journée de boulot ne me demande aucun effort, car je sais à quel point ma soirée sera apaisée... En revanche, il faut que je sois motivée pour aller à la piscine, parce que je n'aime pas tellement ça.

Une fois que vous aurez ressenti cette notion de plaisir, votre motivation sera en vous, et vous n'aurez plus qu'à trouver du temps pour pratiquer votre sport. Ce plaisir, vous ne l'aurez peut-être pas tout de suite en vous, il faudra que vous apprivoisiez le sport que vous aurez choisi, et ça demande un peu de patience. Vous vivrez parfois des entraînements moins sympas, mais sachez que s'il est difficile de partir s'entraîner, une fois qu'on y est, on sait pourquoi on aime ça. En résumé, c'est la version sportive du célèbre dicton « l'appétit vient en mangeant ».

2 astuces pour découvrir le plaisir du sport

1. ***Choisir le sport qui vous plaît en écoutant vos sensations :*** *si vous n'aimez pas l'eau froide, oubliez la piscine ; si vous n'aimez pas vous sentir engoncée dans un équipement trop lourd, oubliez le hockey sur glace.*
2. ***Avoir un peu de patience :*** *le plaisir survient lorsque le corps se réveille enfin. Et il lui faut un peu de temps…*

JE BOUGE AU QUOTIDIEN

Être sportive, ce n'est pas courir des marathons, faire des selfies en salle de sport ou encore prendre des shakers de protéines ! Être sportive, c'est avant tout un état d'esprit quotidien : c'est préférer le vélo à la voiture, marcher plutôt que de prendre le bus, prendre l'escalier plutôt que l'ascenseur. C'est un tout que vous pouvez mettre en place au jour le jour afin de remettre votre corps en mouvement.

On nous conseille de faire une activité physique de 30 minutes quotidiennes. Et je vous entends d'ici : « 30 minutes ! Mais je ne trouverai jamais le temps ! » 30 minutes, c'est l'équivalent de 3 km de marche. Vu comme ça, ça peut paraître long. Mais de petits parcours mis bout à bout peuvent vous permettre de réaliser de longues distances ! C'est par exemple 15 minutes de marche pour aller travailler et la même chose au retour, ou 15 minutes pour se rendre à la boulangerie à l'heure du déjeuner, en choisissant de marcher plutôt que de prendre un moyen de transport.

L'autre jour, un collègue me propose de déjeuner avec lui à la boulangerie. J'accepte avec plaisir. La pause dej' arrive, il me dit : « Je t'emmène ? » Je lui réponds : « On ne va quand même pas prendre la voiture ? » Et là, il me rétorque : « Oui, pourquoi ? On n'a qu'une heure pour manger, ça ira plus vite. » J'essaie d'argumenter : « C'est toi qui fais du sport à la maison avec ton programme sur Internet et qui veux prendre la voiture ? Écoute, on va faire simple, j'y vais à pied, toi en voiture et je vais te prouver que j'irai tout aussi vite en marchant. » On a relevé le défi… Qui est arrivé à la boulangerie le premier d'après vous ? C'est moi, avec trois minutes d'avance ! Il n'avait pas prévu les embouteillages et le temps qu'il lui aurait fallu pour se garer ! C'était compter sans le stress et l'énervement que cet épisode a engendré.

Aujourd'hui, si le tram met trop de temps à arriver, je prends de l'avance à pied, si le bus est bloqué dans la circulation, je descends avant et je marche, tout cela n'est pas une obligation, mais juste un réflexe de sportif !

Au quotidien, vous pouvez faire le choix d'être sportif. C'est à vous de voir.

3 arguments pour vous convaincre de bouger

1. *La voiture est un moyen de transport ultra-stressant : embouteillage, parking... à pied ou à vélo, on est sûr d'arriver tranquille, et à l'heure.*

2. *Si je n'aime pas faire une heure de sport avec baskets et serviette de toilette, les petits pas du quotidien me feront un bien fou.*

3. *Nos arrière-grands-mères ne se posaient pas la question : comme il n'y avait ni ascenseur, ni voiture, ni Uber, elles utilisaient leurs jambes. Et comme elles les utilisaient tous les jours, elles ne voyaient vraiment pas où était le problème...*

JE TROUVE LE SPORT QUI ME CONVIENT

Vous l'aurez compris, une fois trouvé le sport qui me plaisait (vraiment), j'ai enfin pu devenir constante dans mon entraînement. Il n'y a pas de secret, au départ, il faut tâtonner un peu, et surtout ne jamais oublier que nous sommes tous différents et qu'on commence tous de zéro. Je vous donne ici mon parcours, en espérant que cela puisse vous inspirer pour construire le vôtre.

Perso, j'ai commencé par courir, mais je faisais aussi des sessions step devant la télé. Les jours de mauvais temps, ou quand je ne voulais pas courir, je passais 45 minutes sur mon step devant des émissions de téléréalité pour me vider (littéralement) la tête, et ça fonctionnait : j'avais envie de faire une transition entre le boulot et ma vie perso, je me dépensais en même temps que je lâchais la pression de la journée et, face au petit écran, je n'avais plus besoin de réfléchir.
Deux mois plus tard environ, à mon arrivée à Strasbourg, j'ai essayé le yoga. L'occasion s'est présentée et je me suis inscrite avec une copine. Contrairement à ce que certains pensent encore, le yoga est une activité très sportive, et il en existe différentes formes : ça peut aller du plus cool au plus péchu. Je pratiquais souvent le Vinyasa, un yoga très dynamique, parfait pour les sportifs. À l'époque, mon mari était souvent en déplacement, alors ça occupait mes soirées, mais quand il est revenu travailler à Strasbourg, j'ai vite décroché, notamment car les horaires de cours étaient devenus incompatibles avec ma vie de couple. Ça m'avait fait du bien, mais cela signifiait que ce n'était pas encore mon sport.

Il fallait que je trouve une autre activité. Comme je m'étais blessée, toujours cette fichue tendinite post-semi-marathon de Lyon, la course à pied était prohibée... c'est ainsi qu'en 2016, j'ai découvert le CrossFit. Ce que j'aime dans cette discipline, c'est que le corps devient un outil : vous avez de bonnes cuisses ? elles seront parfaites pour les squats ; vous êtes carrée des épaules ? c'est super pour les tractions ; vous êtes endurante ? vous allez cartonner sur le rameur et le vélo. Avec le CrossFit, mon corps n'était plus un complexe, mais un avantage sportif. Je l'ai pratiqué pendant un an, mon poids n'a pas changé, mais ma force et ma confiance en moi, oui !
Quand j'ai été mutée à Orléans, j'ai dû arrêter cette discipline, car les salles n'étaient pas faciles d'accès

pour la piétonne que je suis. J'ai donc décidé de me trouver une nouvelle activité. J'ai profité d'une promo pour tester la salle de sport pendant un mois, avec mon mari. Un temple dans lequel je suis allée bon nombre de fois, pour lequel j'ai versé des cotisations sans y mettre les pieds, et pourtant, c'est en septembre que j'ai décidé de vraiment m'y remettre : je passais 45 minutes sur mon vélo elliptique ou sur un vélo couché, avec un magazine... Cet endroit où je n'avais jamais franchi la zone muscu par peur du regard des autres et du ridicule est devenu mon coin à moi. 2017 : c'est la nouvelle Ely qui teste la salle de sport dans tous les recoins !

En m'inspirant d'Instagrameuses, je trouve des méthodes. Je m'échauffe avec de la marche rapide, ensuite je fonce dans la zone muscu, finalement il n'y a pas autant de testostérone que ça ici, et puis les gens font leur vie et se fichent totalement de la mienne.

Je me pose sur la première machine et là bêtement, je lis les instructions dessus, je regarde le petit bonhomme et j'applique, j'ajuste, sur chaque machine je vais prendre du temps pour comprendre et quand c'est au-delà de mes forces, je demande de l'aide au coach de la salle. Je termine avec 20 minutes sur un engin de torture qui consiste à monter un escalier infini et je rentre chez moi, fière comme un paon. Parfait pour préparer le 20 km en me musclant et en attendant une reprise du CrossFit qui ne saurait tarder !

Quand je regarde les filles sur leur elliptique, je repense à celle que j'étais, et j'espère qu'elles oseront, elles aussi, franchir le pas qu'elles s'interdisent peut-être. Tout ça pour dire qu'il faut essayer ! Le yoga, le Pilates, l'accrobranche, l'escalade, la course, la marche nordique : lancez-vous ! Il n'y a pas de petit sport, il n'y a pas de honte, il n'y a que des sportifs, de la transpiration et du plaisir ! Je dis souvent : c'est quand on sait qu'on va en baver, mais qu'on y retourne, qu'on a trouvé *notre* sport.

Les salles et les profs proposent souvent des cours d'essai, à vous de trouver ce qui vous plaît, pas à moi, car nous sommes tous différents et surtout, on évolue. Mon mari, par exemple, était un adepte de foot et de muscu, puis il s'est mis à la course à pied et quand ça ne lui a plus suffi, il a repris la natation et l'a associée au vélo... le voilà triathlète ! Parce que nos goûts évoluent, il faut accepter aussi qu'un sport qu'on a aimé ne nous convienne plus.

Trouver votre sport

1. *Il doit être adapté à votre physique.* *Faites de vos « défauts » ou « complexes » des qualités : on vous trouve « frêle » ? L'athlétisme peut sûrement faire de vos jambes fines un atout ; vous avez de « bonnes cuisses » ? Le rugby ou l'haltérophilie peuvent en tirer le meilleur...*

2. *Il doit être adapté à votre vie pro et perso.* *Si vous sortez du boulot tous les soirs à 21 heures, inutile d'essayer un cours à 18 heures, vous arriverez toujours en retard, et vous laisserez rapidement tomber.*

3. *Il doit être adapté à votre âge.* *Si vous adoriez la course à pied à 20 ans, peut-être préférerez-vous le Pilates à 40 ans. Pas grave ! Écoutez votre corps !*

TEST

Trouvez la façon de bouger qui vous va le mieux

Come on, babe, move your body ! OK, vous connaissez la chanson, mais à part vider votre compte en banque en septembre pour une inscription dans une salle de gym où vous ne mettez jamais les pieds, votre enthousiasme pour le sport s'arrête à vos bonnes résolutions... et si vous demandiez à votre corps ce qu'il aime vraiment ?

1. VOTRE JOURNÉE DE BOULOT A ÉTÉ UN VRAI NŒUD DE VIPÈRES. VOUS ÊTES UNE BOULE DE STRESS :

● Vous mettez de la musique à tue-tête sur le trajet du retour pour chasser les mauvaises ondes.

* Vous décidez de marcher un peu avant de rentrer chez vous afin de ne pas déverser tout votre stress sur vos proches.

■ Vous posez de nouveaux objectifs sur une feuille : il va falloir que ça change !

2. ON VOUS PROPOSE DE SORTIR EN DISCOTHÈQUE :

● Génial ! Ça va swinguer !

* Oula ! La sono à fond jusqu'à 3 heures du mat', franchement, ça n'a jamais été votre truc.

■ Mouais, mais vite fait alors. Vous voulez être en forme demain, parce que vous avez prévu une tonne de trucs super pour la journée.

3. LE PAYS QUE VOUS AIMERIEZ VISITER, SI ON VOUS OFFRAIT LE BILLET :

● La Colombie, c'est chaud !

* L'Inde, ça vous inspire.

■ Les États-Unis, pour les chutes du Niagara et les Rocheuses.

4. IL Y A LES JO À LA TÉLÉ, VOUS ADMIREZ :

● Le patinage artistique. Ça fait un peu rêver.

* Rien du tout, les JO, ça m'ennuie.

■ Les cuisses musclées des coureurs.

5. VOTRE CORPS, POUR VOUS, C'EST UN ALLIÉ POUR :

● Vous éclater et vous exprimer.

* Vous recentrer sur l'essentiel.

■ Vous dépasser.

6. VOUS ÊTES CAPABLE D'OUBLIER TOUT CE QUI EST AUTOUR DE VOUS LORSQUE :

● Vous êtes avec vos amis.

* Il y a du silence et du calme.

■ Vous vous fixez un objectif à atteindre.

7. IL PARAÎT QUE LORSQU'ON FAIT ÉCOUTER DE LA MUSIQUE AUX ENDIVES, ELLES POUSSENT PLUS VITE ET SONT EN MEILLEURE SANTÉ :

● Pourquoi pas ? Au moins, le jardinier bêche en rythme.

* C'est sans doute vrai. Les plantes nous donnent de la sérénité, alors pourquoi pas nous ?

■ N'importe quoi ! Les plantes, ça n'a pas d'oreilles.

8. SI VOUS DEVIEZ ASSISTER À UNE CÉRÉMONIE, VOUS PRÉFÉRERIEZ :

- ● Un gospel dans une église.
- ★ Une séance de méditation dans un temple hindou.
- ■ La cérémonie d'ouverture des Jeux olympiques.

9. SI VOUS ÉTIEZ UN PERSONNAGE DES FABLES DE JEAN DE LA FONTAINE, VOUS SERIEZ PLUTÔT :

- ● La cigale.
- ★ La tortue.
- ■ Le lièvre.

10. LORSQUE VOUS SEREZ UNE GRAND-MÈRE TOUTE RACORNIE, VOUS PRÉFÉRERIEZ VIVRE :

- ● Avec vos amis.
- ★ À la campagne, #oklm.
- ■ Sans monte-escalier Stannah.

VOUS AVEZ UNE MAJORITÉ DE ●

Bougez en vous amusant ! Transpirer en escaladant une montagne... très peu pour vous. Il est où l'intérêt de souffrir en pleine chaleur sur la rocaille ? Alors bouger, OK, mais si on vous dit que « c'est bon pour la santé », c'est simple, ça vous fait fuir ! En revanche, dès que vous entendez le dernier tube d'Enrique Iglesias, c'est plus fort que vous, vous vous déhanchez sur votre chaise au bureau, et sur votre fauteuil en visite chez belle-maman (sauf que belle-maman, elle, préfère Julio). Et si en plus, vous pouvez chanter avec vos copines (même sans connaître l'espagnol), c'est l'éclate. Le sport qui vous va le mieux, c'est tout ce qui se rapproche de près ou de loin au karaoké-discothèque : alors si dans votre ville, un cours de Zumba ouvre ses portes, foncez ! Vous allez adorer !

VOUS AVEZ UNE MAJORITÉ DE ★

Chouchoutez votre corps en douceur Jadis, il y a très longtemps, autrefois... vous étiez en seconde B au lycée Paul Verlaine, et vous souffriez le martyre en cours de sport. Surtout quand on vous demandait de piquer un 100 m le lundi matin à 8 heures par -10 °C, et que vous vous retrouviez ensuite au cours de maths de monsieur Lebranchu, rouge comme une tomate et les poumons brûlants. Après la poutre et la corde à nœuds, les équations à deux inconnues étaient plus qu'indigestes. Depuis, vous avez le sport en sainte horreur. D'ailleurs, l'été, quand vous organisez un pique-nique sur la plage avec des amis, vous regardez passer les coureurs, les nageurs et les surfeurs avec un grand soupir. Bien à l'ombre sous un palmier, vous savourez une tasse de thé glacé en admirant le paysage. C'est votre sport préféré. Votre corps a besoin de douceur. Pour être en harmonie avec lui, testez un cours de yoga ou de Pilates, afin de renouer avec le plaisir d'étirer vos muscles dans le calme et la sérénité.

VOUS AVEZ UNE MAJORITÉ DE ■

Dépassez-vous, vous allez kiffer ! On bouge ? Parce que faire la crêpe sur la serviette de plage, c'est vraiment pas pour vous. Pour vous sentir vraiment bodypositive dans votre tête, faut que ça transpire, faut que ça monte plus qu'hier, faut que ça frise le challenge. Vous aimez vous dépasser et faire de votre corps un allié. Pour vous, l'effort n'en est pas un, c'est dans cet effort que vous vous épanouissez. Vous imaginez avec délice ce qu'a dû ressentir le premier mec qui a atteint le sommet du Mont-Blanc. Alors, vous vous proposez de petits monts-blancs tous les jours. Courez, marchez, grimpez, escaladez, sautez en parachute ! Testez tous les sports dans lesquels vous sentirez cette osmose grisante entre vous et votre corps.

5 astuces pour commencer la course à pied

La réputation de la course à pied, c'est : « ze » sport qui fait maigrir. Combien de fois j'ai lu « Je déteste courir, mais bon, ça fait maigrir, alors je me force... » Non ! On le répète ! On ne se force pas, sinon, ça ne marchera pas... Enfin pas sur la durée, croyez-moi. Mais si vous voulez tester la course à pied, voici quelques conseils pour bien commencer.

AU DÉMARRAGE...

1. **Je ne me mets pas la pression.** Je ne fais pas la course, je range mon ego, j'accepte de courir doucement, et je me rappelle que tous les coureurs qui me doublent ont eux aussi commencé par là. Surtout ne vous comparez pas, on a tous un niveau différent, un passé différent, un investissement différent à consacrer aux entraînements, vous n'êtes pas moins bonne qu'une autre, vous êtes simplement vous et vous faites de votre mieux. Il est important que vous vous détachiez, non pas du regard des autres, mais du propre regard critique que vous portez sur vous-même.

2. **Le but n'est pas courir vite mais de tenir sur la durée.** La base de la course est l'endurance : c'est une allure lente qui permet de travailler le cardio et qui est indispensable pour progresser. Ceci va peut-être vous obliger à ralentir, voire à marcher, mais c'est pour votre bien. Suivez mes conseils sur ce sujet en lisant ce qui suit sur « l'endurance fondamentale ».

3. **Si j'ai mal, je m'arrête et je consulte un médecin.** La pire chose qui puisse vous arriver, c'est une blessure qui vous couperait dans votre élan. Alors, si vous ressentez une douleur anormale, consultez un médecin – et pas Google ! À vouloir en faire trop, on risque de se blesser. Sur les réseaux sociaux, la surenchère sportive en a mené plus d'une à la blessure, et je parle une fois de plus en connaissance de cause. Mon mari m'a souvent dit de ralentir, que je ne pouvais pas passer de vingt-cinq ans de glandouille à six entraînements par semaine, je ne l'ai pas écouté et c'est une déchirure de fatigue à l'ischio-jambier qui m'a montré que j'étais allée trop loin.

Alors non, il n'y a aucun mal à se reposer, on commence par une séance par semaine puis deux, puis trois, et on n'oublie pas de garder des jours *off*, où la seule activité autorisée ne nécessite ni des baskets ni un legging !

4. **On n'oublie jamais de s'échauffer.** Si vous débutez, commencez par marcher, puis accélérez le pas au fur et à mesure pour enfin courir. Et là encore, écoutez votre corps : vous gardez le rythme, si vous sentez que vous allez cracher un poumon ou vous étaler comme une crêpe, ralentissez, quitte à marcher de nouveau. Vous reprenez votre souffle et dès que vous le sentez, vous repartez.

Une séance de 30 minutes alliant marche et course est très bien pour commencer. Vous pouvez vous fixer une séance par semaine, puis deux.

5. **On ne casse pas son PEL.** On pense à tort qu'on a besoin d'un tas d'équipements pour commencer la course à pied. Je vous conseillerai avant tout de bien choisir vos chaussures, dans un magasin

spécialisé de préférence. Pour le reste, des vêtements de sport dans lesquels vous vous sentez à l'aise, un brassard pour courir avec votre portable, ou une ceinture type « Flipbelt », et voilà !
Les montres cardio, les vêtements techniques, tout ça, ça peut attendre, l'essentiel pour bien courir est surtout d'en avoir envie et de prendre du plaisir. Alors, attendez d'être sûre d'aimer la course à pied avant d'investir dans du matériel.
Autre astuce pour celles qui souhaitent commencer la course a pied en été : courir en short c'est top, mais les frottements des cuisses, beaucoup moins ! Alors je vous conseille la crème Nok, à tartiner sur l'intérieur des cuisses, et même sur les pieds pour éviter les ampoules lors de longues sorties.

APRÈS QUELQUES SEMAINES…

Vous vous sentez plus à l'aise, vous êtes capable de courir plus de 45 minutes à votre rythme sans vous arrêter, vous pouvez commencer à varier les sorties. Voici quelques idées pour des entraînements spécifiques :

1. **Le fartlek.** C'est du fractionné qui consiste à alterner des phases de course « calme » et des phases de sprint. On commence par un footing de 15 à 20 minutes pour se mettre en jambes, ensuite on se lance ! Alternez les périodes rapides et lentes au gré de vos envies et de vos sensations. Moi, j'aime prendre un repère et je me mets seule au défi de courir le plus vite possible jusqu'à celui-ci, ensuite je ralentis, et quand je le sens, je recommence, je fais ça cinq à six fois et termine en reprenant mon souffle avec 10 minutes de récupération calme.
Le fartlek permet de muscler votre cœur d'une autre façon, mais aussi d'habituer votre corps aux accélérations.

2. **L'endurance fondamentale.** C'est, comme son nom l'indique, fondamental, au moins une fois par semaine ! Il s'agit là de travailler dans une zone de fréquence cardiaque qu'on appelle « aérobie » : il faut que vous puissiez tenir cette allure tout en discutant sans difficulté avec une autre personne. Si vous vous essoufflez, cela signifie que vous allez trop vite, donc ralentissez. Et s'il faut marcher, eh bien marchez ! Avec cet exercice, vous musclez directement votre cœur, vous allez ressentir les effets de ces entraînements sur votre souffle, votre endurance à l'effort, donc la capacité à faire un effort physique plus longtemps.
Si vous avez une montre avec cardiofréquencemètre, l'endurance fondamentale (EF) se travaille à une fréquence cardiaque (FC) entre 70 et 75 % de votre fréquence cardiaque maximum (FCMAX).
Pour celles qui n'ont pas de montre cardio, une sortie en EF de 30 minutes à 1 heure par semaine est idéale pour progresser.
La sortie longue, elle, se fait à une allure plus lente que l'EF, si vous avez un cardiofréquencemètre, elle se situe entre 60 et 70 % de votre FCMAX. Une sortie longue commence quand on passe la barre des 1 h 10 d'effort. J'aime les séances longues sur des sentiers sympas, où je prends le temps d'admirer le paysage, de savourer l'instant, dans les bois, le long des quais chez moi, à Orléans, ou encore en vacances au saut du lit, pour découvrir les environs.

3. **Prenez du plaisir !** Si malgré tout ça, courir est toujours une corvée pour vous, alors ne vous forcez pas. Je vous l'explique tout au long de ce livre, mais il est parfois utile de le répéter : l'astuce numéro 1 pour rester motivée est d'aimer ce que l'on fait ! Régime ou pas, il faut avant tout prendre du plaisir dans la pratique sportive. Comme pour tous les sports, certaines périodes, vous n'aurez pas envie de courir, eh bien espacez les entraînements, variez les séances, apprenez à apprécier la course pour tenir sur la durée. À partir de là, vous pourrez vous fixer des objectifs, 5 km, puis 10 km, et pourquoi pas au-delà ? Oui ! Mais toujours en prenant son temps…

MON PROGRAMME FORME

10 petits pas pour être en forme avec mes formes

Jour 1

JE ME TIENS DROITE

5 EXERCICES POUR MUSCLER SON DOS

On parle toujours des abdos, mais une bonne chaîne abdominale va de pair avec une région lombaire en forme et un dos bien musclé. L'un ne va pas bien sans l'autre, et si on muscle l'un sans l'autre, on risque de créer un déséquilibre, donc des douleurs.

Alors, on va muscler ça et surtout, n'oubliez pas : vous êtes belle, levez le menton !

Matériel nécessaire

- *Un élastique, que vous trouverez pour quelques euros en magasin de sport.*
- *Une bouteille d'eau / un pack d'eau.*

Exercice 1

GAINAGE SUPERMAN

4 fois 30 secondes, avec 30 secondes de repos entre chaque série

Vous êtes allongée, le visage face au sol. Tendez les bras devant vous, tendez les jambes. Contractez les jambes, les fessiers, et poussez sur les bras comme si vous vouliez repousser un mur devant vous.

Exercice 2

TIRAGE

4 séries de 15 répétitions, avec 30 secondes de repos entre chaque série

1. Vous êtes assise sur le sol, les jambes tendues. Accrochez l'élastique à vos pieds, puis attrapez chaque extrémité de l'élastique.

2. Tirez sur l'élastique pour ramener les coudes derrière vous. Soufflez en relâchant, inspirez en tirant. Le dos bien droit, le haut du corps gainé : seuls les bras sont autorisés à bouger.

1.

2.

1.

2.

Exercice 3

L'ARCHER

4 séries de 15 répétitions par bras, avec 30 secondes de repos entre chaque série

1. Vous êtes debout, les bras tendus, une bouteille d'eau dans chaque main. Gainez-vous en contractant les abdos et les fessiers.

2. Tirez un bras vers l'arrière en pliant le coude. L'autre reste tendu. Puis changez de bras.

Exercice 4

SWINGS

4 séries de 15 répétitions par bras, avec 30 secondes de repos entre chaque série

1. À quatre pattes sur le sol, gainez en contractant les abdos pour garder le dos bien droit.

2. Tendez le bras droit en tenant une bouteille devant vous, tandis que le bras gauche reste au sol.

3. Inversez : redescendez le bras droit, prenez la bouteille dans l'autre main et levez le bras gauche tout en restant bien gainée.

1.

2.

Exercice 5

TWIST

4 séries de 15 répétitions, avec 30 secondes de repos entre chaque série

1. Assise sur le sol, les jambes légèrement fléchies, le dos bien droit et les abdos contractés, tendez les bras de chaque côté, une bouteille d'eau dans chaque main.

2. Tournez le buste, les fesses bien ancrées dans le sol, et twistez le buste. Revenez, puis faites de même à gauche.

1.

2.

Jour 2

GAINAGE SANS GAINE

5 EXERCICES POUR DES ABDOS EN BÉTON

Hier, vous avez découvert des exercices pour travailler le dos, aujourd'hui vous allez travailler le gainage, pour renforcer encore plus votre dos et travailler les abdos en profondeur : c'est l'assurance d'une bonne posture.

Pour chaque exercice, tenez la position entre 30 secondes et 1 minute (vous pouvez augmenter avec la pratique).

Vous pouvez faire l'ensemble du circuit dos-abdos 4 fois, en laissant 1 min 30 de repos entre chaque circuit.

Exercice 1
GAINAGE FACE

1. Vous êtes allongée, le visage contre le sol. Faites un angle droit entre les bras et les épaules, et contractez tout : fesses, abdos, cuisses… vous êtes un bloc.

2. Pour les plus expérimentées, levez une jambe après l'autre en maintenant le gainage.

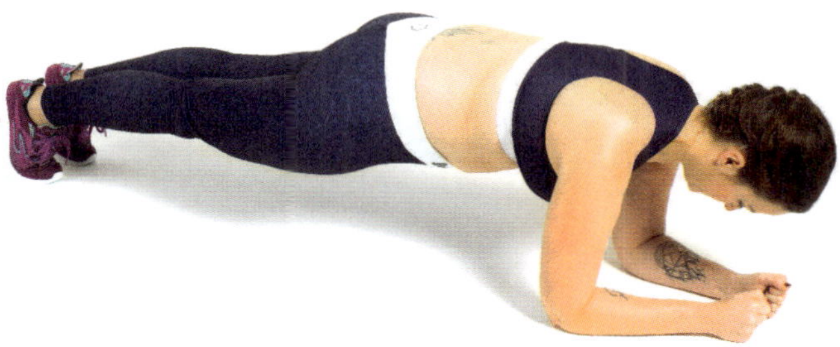

1.

2.

Exercice 2
GAINAGE CÔTÉ

1. Passez sur le côté, et comme pour l'exercice précédent, gainez tout votre corps, en contractant abdos et fessiers. Veillez à avoir l'épaule juste au-dessus du coude.

1.

3.

2. Si c'est trop difficile, mais surtout si vous sentez que vous n'êtes pas assez droite et gainée pour réaliser l'exercice précédent, revenez au niveau inférieur en posant un genou à terre (j'ai commencé de cette manière avant de pouvoir le faire avec les deux jambes tendues).

3. Pour les plus expérimentées, levez une jambe et maintenez la position. Faites de même de l'autre côté.

2.

Exercice 3
GAINAGE DORSAL

1. Face au sol comme pour le gainage Superman, bras tendus, on gaine les abdos et les fessiers.

2. On garde la position initiale, toujours gainée, on vient pousser sur les bras, pour les passer en arrière.

3. On revient en position initiale et on répète le mouvement pendant le temps imparti.

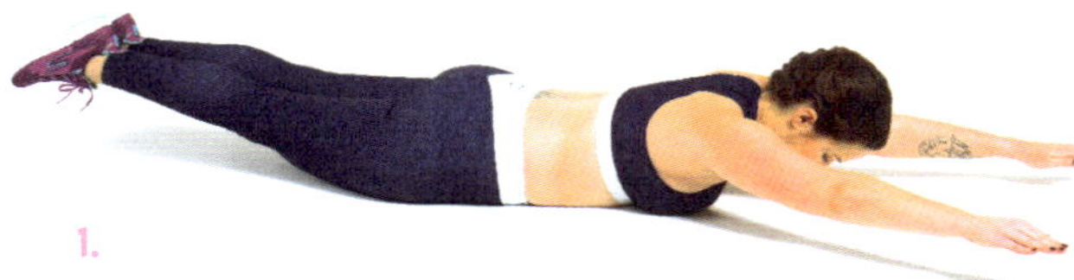

1.

2.

3.

Exercice 4
MOUNTAINS CLIMBERS

1. Reprenez la posture du gainage face (exercice 1) mais cette fois bras tendus.

2. Faites des montées de genoux, en faisant attention à votre dos : vous ne le courbez pas. Pour corser l'exercice, vous pouvez lester vos chevilles.

1.

2.

Exercice 5
GAINAGE CÔTÉ DYNAMIQUE

1. Reprenez le gainage côté (exercice 2).

2. Cette fois, balancez les hanches de haut en bas, en pensant à toujours contracter fessiers et les abdos pour ne pas vous blesser.

1.

2.

3.

Jour 3

L'EAU, C'EST LA VIE, POUR MON CORPS AUSSI

5 EXERCICES AVEC UNE BOUTEILLE OU UN PACK D'EAU !

Pas de besoin de vous ruiner pour faire du sport. Un pack d'eau et beaucoup d'huile de coude peuvent largement faire l'affaire.

Matériel nécessaire

- *Une bouteille d'eau / un pack d'eau.*

Exercice 1
SHLOUDER PRESS

Dans cet exercice, vous allez travailler le dos et les épaules.

4 séries de 20 répétitions

1. Vous êtes assise ou debout, les pieds ancrés dans le sol, écartés à largeur de vos hanches. Rétroversez le bassin (pour cela, contractez les fessiers et basculez le bassin vers l'avant), et contractez les abdos.

2. Pliez les bras en angle droit au niveau des épaules.

3. Levez les bouteilles au-dessus de la tête, redescendez les bras et recommencez.

2.

3.

Exercice 2
DORSAUX

Vous pouvez faire cet exercice un bras après l'autre, un bras posé sur le bord du canapé, par exemple, pour bien maintenir le dos et la bonne position.

4 séries de 20 répétitions

1. Vous êtes debout, le dos droit, la tête dans l'axe de la colonne. Penchez-vous vers l'avant, les jambes légèrement fléchies.

2. Prenez une bouteille dans chaque main, et ramenez les bras vers l'arrière pour renforcer le dos.

1.

2.

1.

2.

Exercice 3
SQUATS LESTÉS

Ici, on va travailler les fessiers. Adaptez la charge à votre force.

4 séries de 20 répétitions

1. Embrassez votre bouteille ou votre pack d'eau, en les serrant contre votre poitrine, les pieds positionnés à la largeur des épaules et placés légèrement vers l'extérieur.

2. Pliez les jambes en gardant le dos droit, en contractant les abdos, puis remontez en contractant les fessiers à fond.

Exercice 4

FENTES LESTÉES

4 séries de 20 répétitions par jambe

1. Vous êtes debout, les packs d'eau à bout de bras (vous pouvez aussi faire avec une bouteille dans chaque main).

2. Avancez une jambe pour former un angle droit avec le sol, puis revenez dans l'axe. Avancez l'autre jambe et revenez dans l'axe.

1.

2.

Exercice 5

MARCHE LESTÉE

Là, vous aurez un pack dans chaque main, et vous allez faire 50 m. Pour ce faire, il vous suffit de faire 10 pas allongés, ce qui correspond à 10 m. Placez ensuite des repères et faites l'aller-retour 5 fois : voilà, vous avez fait un tour ! Pour chaque exercice, vous pouvez remplacer le pack par deux bouteilles, si vous n'êtes pas à l'aise ou si c'est trop lourd pour vous.

Tenez-vous droite, ne courbez pas le dos, comme toujours vous restez gainée, et vous marchez.

Jour 4

MARCHER APRÈS AVOIR MANGÉ

La marche, c'est mon nouveau credo, ça m'a sauvée à la reprise du sport après de multiples blessures. Vous courez et vous voulez aller toujours plus vite. Marcher ? C'est pour les nuls ! Eh bien, laissez-moi vous prouver que si vous débutez, la marche est un très bon moyen de faire travailler le cardio et d'avoir un corps en bonne santé. Et si vous êtes déjà une runneuse, je vais vous montrer tout l'intérêt de la marche dans votre pratique de la course à pied.

Si vous suivez des *runners* sur les réseaux sociaux, ils parlent souvent de faire une sortie en EF (endurance fondamentale). Avec la sortie en fractionné, ça fait partie des entraînements hebdomadaires de la plupart des plans d'entraînement, afin de progresser en course à pied.

Courir en endurance fondamentale, c'est respecter une fréquence cardiaque qui correspond à 70 % de votre fréquence cardiaque maximum. Si vous ne disposez pas de cardiofréquencemètre, alors trouvez l'allure que vous pouvez tenir longtemps. Vous devez être capable de parler en courant sans être essoufflée. Bien souvent, pour maintenir cette allure, j'étais obligée de marcher, alors voilà l'intérêt de la marche rapide si vous débutez en running, ou encore si vous reprenez le sport et que vous voulez vous faire « une caisse » pour la course à pied. En jargon de coureur, ça veut dire bosser votre cardio, parce qu'on le sait depuis le plus jeune âge : rien ne sert de courir, il suffit de partir à point et il est important de travailler votre cardio avant de vouloir faire de la vitesse !

À cette allure, le corps utilise principalement des lipides (du gras) comme source d'énergie, c'est ce que j'appelle aussi la « zone brûlage de gras », et là, je vois vos yeux briller. Mais ce qui est important, c'est de considérer la marche comme un sport, on n'appelle pas une copine pendant qu'on marche, on ne *geeke* pas, on est active dans notre pratique, on est présente dans l'effort et on se concentre.

Quand je marche, je reste concentrée sur ma posture. Quand j'arrive à garder le cap, des côtes, des descentes, des lignes droites, en ville ou à la campagne, j'adore le moment. Mon esprit s'évade parfois, et je me reconcentre souvent pour garder mon rythme.

Astuce

Pour que votre séance soit efficace, prévoyez au moins 30 minutes de temps de marche. **C'est une séance à part entière, pas seulement l'accumulation de petits trajets à pied, qui sont des bonus, certes non négligeables, mais insuffisants.** Vous pouvez aussi rythmer votre marche, en accélérant votre allure pendant 30 secondes, puis une marche plus tranquille pendant 30 secondes, et vous recommencez. C'est pas mal pour bosser le cardio.

Et pour vous motiver, sachez qu'en une heure de marche, c'est 300 calories qui s'envolent et une sensation de bien-être assurée !

Vous avez le dos droit, l'allure constante et rythmée par vos bras. Des bras en angle (presque) droit. J'aime ajouter des lests aux poignets pour travailler le haut du corps en même temps, je sens mes épaules brûler au bout de 30 minutes.

Jour 5

YOGA EXPRESS

9 MOUVEMENTS POUR SE DÉTENDRE

Rien de tel que la Salutation au Soleil pour détendre l'ensemble de son corps dès le réveil, ou le soir avant de dormir...

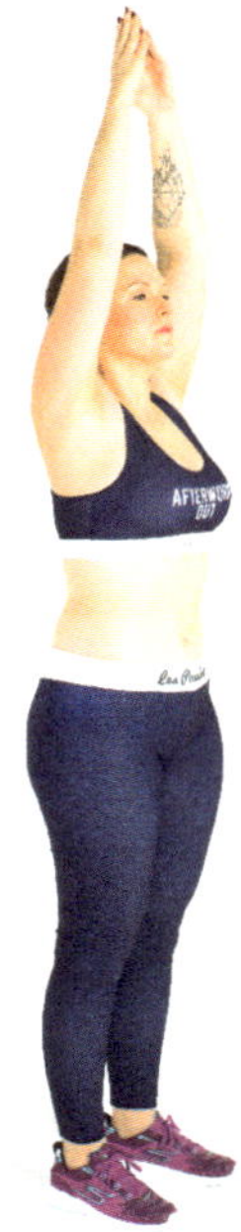

1. Tenez-vous debout, les pieds joints. Les mains le long du corps, respirez lentement et profondément.

2. Prenez une grande inspiration et tendez les mains au-dessus de la tête (toujours jointes).

3. Expirez et basculez lentement vers l'avant, pour tenter de toucher le sol avec vos mains.

4. Inspirez, posez les mains et tendez une jambe vers l'arrière au sol.

5. Expirez, tendez la seconde jambe au sol, et poussez sur les bras, pour relever le buste.

6. Basculer votre bassin vers l'arrière en poussant sur les bras pour former un V inversé, et tâchant de tendre les jambes et de toucher le sol avec les talons.

7. Prenez une grande inspiration, avancez votre pied droit entre vos mains.

8. Avancez votre pied gauche à côté de votre pied droit.

9. Déroulez votre dos vertèbre par vertèbre pour revenir à la position initiale.

Jour 6

MA SESSION « HIIT » À EMPORTER PARTOUT

5 EXERCICES À RENOUVELER EN CIRCUIT

Le HIIT, c'est le top pour se dépenser en très peu de temps, mais surtout, ça permet de se vider vraiment la tête après une grosse journée de taf et ça ne nous bouffe pas la soirée !

Répétez ce circuit 3 à 5 fois selon votre énergie et votre temps, avec 1 min 30 de pause entre chaque circuit.

Exercice 1
MOUNTAIN CLIMBERS
30 secondes

1. Reprenez la posture du gainage facial (exercice 1) mais cette fois bras tendus.

2. Faites des montées de genoux, 15 fois par jambe.

1.

2.

1.

2.

Exercice 2
GAINAGE FACIAL
30 secondes

1. Vous êtes allongée, le visage contre le sol. Faites un angle droit entre les bras et les épaules, et contractez tout : fesses, abdos, cuisses… vous êtes un bloc.

2. Pour les plus expérimentées, levez une jambe après l'autre en maintenant le gainage.

Exercice 3

BURPEES

30 secondes (une nouveauté que vous allez adorer… ou pas)

1. Debout, les pieds à la largeur des épaules.
2. Accroupissez-vous.
3. Poussez les jambes en arrière.
4. Accroupissez-vous à nouveau.
5. Sautez en tapant dans les mains au-dessus de la tête.

1.

2.

3.

4.

5.

Exercice 4

SQUATS

30 secondes, avec ou sans lest

Descendez bien et remontez en contractant les fessiers au maximum. Faites le mouvement 20 fois.

1.

2.

1.

2.

Exercice 5

MONTÉES DE GENOUX

30 secondes

Debout, levez les genoux l'un après l'autre, le plus vite et le plus haut possible. Faites le mouvement 30 fois.

Exercice 6

POMPES

30 secondes

1. Bien gainée, bras et jambes tendus.

2. Touchez le sol avec vos seins et remontez.

3. Voici la version sur les genoux, pour les débutantes...

4. Ou en appui sur un meuble.

1.

2.

3.

4.

Jour 7

UN JOLI PETIT CUL

5 EXERCICES POUR MUSCLER SES FESSES

Matériel facultatif

- *Un élastique*

Exercice 1
GLUTES

4 séries de 20 répétitions par jambe

Les vraies *fitgirls* appellent cet exercice « *glutes* », la version anglaise de « fessier ».

1. Vous êtes à quatre pattes, vous pouvez ajouter des lests aux chevilles pour corser l'exercice.

2. Levez une jambe vers le haut dans un mouvement dynamique.
Puis changez de jambe.

1.

2.

Exercice 2
ABDUCTEUR

4 séries de 20 répétitions par jambe

1. Allongez-vous sur le côté, avec ou sans lests. Restez gainée, comme toujours !

2. Pliez la jambe au sol à 90 °. L'autre jambe est tendue. Montez et descendez la jambe tendue en faisant des battements.

1.

2.

Exercice 3

UNE JAMBE APRÈS L'AUTRE

4 séries de 20 répétitions par jambe

Même exercice que précédemment, mais là on va garder la jambe en l'air et faire des petits mouvements.

1.

2.

Exercice 4

FENTES LATÉRALES

4 séries de 20 répétitions par jambe

1. Debout, écartez les jambes à la largeur des épaules.

2. Tendez une jambe sur le côté et descendez en gardant le dos droit.

3. Revenez en position initiale. Recommencez.

1.

2.

3.

Jour 8

J'APPRENDS À M'ÉTIRER

5 EXERCICES POUR S'ÉTIRER

Pour les étirements, chacun sa méthode : certains le font juste après une séance, d'autres en une séance dédiée par semaine. Mon kiné et mon ostéopathe sont d'accord sur la seconde technique, alors voici quelques exemples pour étirer tout votre corps une fois par semaine ! L'occasion de constater à quel point la souplesse n'est pas mon point fort !

Vous pouvez enchaîner les exercices, chacun entre 30 secondes et 1 minute en fonction de vos sensations (ça doit tirer mais ne pas faire mal)

Exercice 1

J'ÉTIRE LES FESSES ET LES ISCHIOS

1. Au sol, vous avez une jambe pliée en angle droit, posée sur l'autre jambe.

2. Ramenez la jambe avec les bras pour sentir l'étirement.

1.

2.

Exercice 2

J'ÉTIRE MES QUADRICEPS

Debout, attrapez votre pied par-derrière et collez le talon sur la fesse pour étirer le quadriceps. Faites de même avec l'autre jambe.

Exercice 3
J'ÉTIRE MES ADDUCTEURS

Assise en tailleur, collez les pieds l'un contre l'autre et essayez de toucher les genoux au sol, en restant bien droite, en vous aidant de vos coudes.

1.

2.

Exercice 4
J'ÉTIRE MES BRAS

1. Tendez les bras vers le haut pour vous étirer au maximum.

2. Pliez un bras et attrapez votre coude derrière la tête avec l'autre main pour étirer le triceps. Puis changez de bras.

Exercice 5
J'ÉTIRE MES ÉPAULES ET MES PECTORAUX

Face à un mur, tendez le bras, les doigts à l'opposé du buste. Tournez le buste pour sentir vos pectoraux et vos épaules s'étirer. Puis changez de côté.

À laide de votre main opposé, tiré sur votre coude pour enrouler votre bras autour du cou, vous devez sentir l'etirement dans le triceps et l'épaule

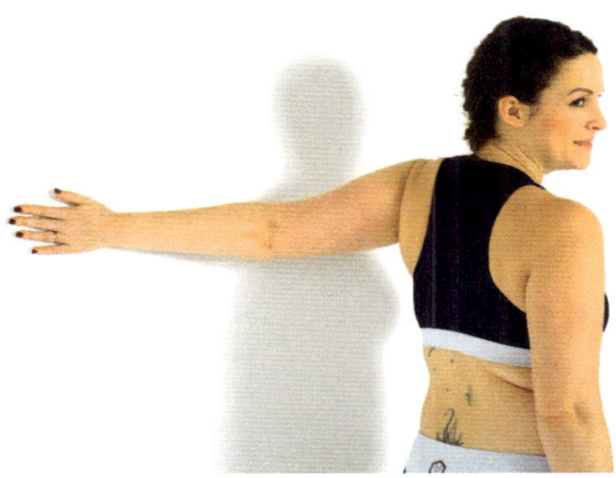

Jour 9

UN SIÈGE ET DES MUSCLES

On trouve un siège, un banc ou une chaise bien stable, on laisse les enfants jouer à côté et on en profite pour se muscler le *body* ! Vous pouvez répéter chaque exercice 4 fois pour un circuit *total body*, en enchaînant les exercices et en laissant secondes entre chaque série et 2 minutes de pause entre chaque circuit.

Exercice 1
LES POMPES

Selon votre niveau, 4 séries de 10 répétitions

1. Pompes sur le haut du dossier (niveau 1). Faites des pompes, les bras pliés, gainez tout le corps, touchez la poitrine et remontez.

1.

Exercice 2
STEP JAMBES

4 séries de 15 répétitions

1. Montez sur l'assise avec une jambe, tendez l'autre derrière.

2. Redescendez et remontez.

3. Pour corser le tout, vous pouvez tenir un poids dans les mains, ou un enfant… ça marche aussi !

1.

2.

2. Pompes sur l'assise (niveau 2).

2.

Exercice 3
FENTES BULGARES
4 séries de 15 répétitions

Dos au siège, le dessus du pied posé sur l'assise, l'autre jambe à 90°, descendez comme une fente.

Exercice 4
DIPS
4 séries de 15 répétitions

1. Mettez-vous dos à l'assise, et en appui sur les mains.

2. Pour les débutantes : vous pouvez plier les jambes.
Pour les plus aguerries : tendez les jambes.

3. Et là, laissez les fesses descendre et remontez par la force de vos bras.

1.

2.

3.

Jour 10

CIRCUIT SPÉCIAL FORME

ÊTRE EN FORME AVEC SES FORMES : 5 EXERCICES CARDIOS

On enchaîne les 5 exercices sans pause, 2 minutes de repos entre chaque circuit, et on recommence 4 fois.

Exercice 1
JUMPING JACKS

Faites 30 jumping jacks.

Exercice 2
SQUATS

Faites 20 squats.

Exercice 3
MONTÉES DE GENOUX

Faites 20 montées de genoux.

Exercice 4
FENTES

Faites 20 fentes (10 par jambe).

Exercice 5
SQUATS JUMP

Descendez en position squat.

Poussez sur les fessiers et les jambes pour sauter.

Redescendez en squat.

Faites 20 squats jump.

CONCLUSION

Voilà, ce livre se termine ici, une aventure qui s'achève et une autre qui commence…
Pour finir, j'aimerais partager avec vous une lettre, une lettre que je me suis écrite un peu par hasard, une lettre où les mots se sont enchaînés, une lettre qui m'a fait prendre conscience que j'étais exactement là où je devais être et que peu importait ce que j'avais vécu, le meilleur comme le pire, tout cela a fait de moi cette femme que je suis aujourd'hui.
Cette lettre, je l'ai partagée le lendemain sur mes réseaux et elle a fait l'effet d'une vague, une vague d'émotions, de larmes, de prise de conscience, elle a touché en plein cœur et, bien que l'écriture de ce livre soit terminée au moment où j'écris ces lignes, j'ai souhaité l'intégrer en guise d'au revoir.
J'espère sincèrement que vous vous prêterez au jeu, et que ce livre aura sur vous un effet libérateur.
Je commence la première : lisez-moi, et quand vous le sentirez, parlez-vous, écrivez-vous cette lettre à votre tour, parlez à la gamine que vous étiez, dites-lui la femme que vous êtes devenue, rassurez-la, accompagnez-la, expliquez-lui peut-être pourquoi vous avez vécu telle ou telle chose, expliquez-lui qu'il est possible de se relever du pire pour donner le meilleur ensuite. Donnez-vous cette chance de vous aimer, hier, aujourd'hui et demain.

Yasmine, tu as 12 ans à l'heure où je t'écris, tu entres au collège Charles Peggy d'Arras, en 6e. Tu es une fille du village, comme le disent les grands de la ville, t'as des lunettes rondes qui te valent très vite le surnom de « Coluche » et avec lui la sympathie du personnage. Tu es une fille de caractère, ce qui t'a valu de te prendre une claque à la fête de CM2 parce qu'à un grand, qui t'avait dit « ta gueule » quand tu avais pris la défense de ton petit frère,

tu avais répondu avec toute l'insolence dont tu faisais déjà preuve à ton âge : « Si j'avais une gueule, j'aurais 4 pattes et une queue et je te pisserais dessus. » Voilà ce que tu as répondu ! Déjà à l'époque, Yasmine, tu avais du chien et un ton bien ancré et tu étais bien loin de la retenue qu'on attend d'une jeune fille.
Tu es déjà toi.
Je crois même que je suis plutôt fière de toi, fière de celle que tu es déjà, fière de t'être pris une baffe par un garçon pour défendre les plus petits.
Enfin bref, on est au collège, en ville, en ZEP, finies les marelles, les jeux dans la cour de récré, la mode c'est se tenir par le bras et marcher en long en large et en travers dans la cour avec les copines.
D'ailleurs, des copines tu t'en fais à la gym où tu t'inscris.
Très vite, il te faut un string, ton premier string, parce que la culotte qui déborde du justaucorps fait marrer les autres en compétition.
Ta mère refuse, ta grand-mère et son esprit de contradiction (tiens, les chiens ne font pas des chats) t'en achète un.
Tu es jeune, tu es jolie (si si je te jure, tu n'es pas juste la fille drôle de la classe), tu es une petite fille normale, à l'aise dans ses baskets, ne manquant pas de repartie.
Jusqu'au jour où ta prof de sport te dit qu'avec quelques kilos de moins, ce serait mieux.
Mieux pourquoi ? Tu ne le sais pas, mais ta vie va basculer à cet instant, tu ne te verras plus pour ce que tu es, mais pour ce que les autres voient de toi.
Tu vas vouloir teindre tes vêtements en noir, tu vas commencer les régimes, et puis de fil en aiguille, tu vas vraiment être cette grosse que tu pensais être depuis le début.
Tu vas te scarifier, tu vas te faire vomir, tu vas arrêter de manger aussi, mais rassure-toi, tu seras bien entourée, tu as cette chance, des parents présents et qui te prouveront plus d'une fois qu'ils sont là pour toi, où que tu sois et peu importe l'âge que tu auras, tu pourras toujours compter sur eux.
Tu vivras des trucs qu'on ne devrait pas vivre, mais tu t'en remettras, ça te rendra plus forte, plus mûre que les autres, plus responsable.
Sache que tu ne feras JAMAIS les mauvais choix, car tous les choix que tu feras dans ta vie seront les tiens, ceux qui écriront ton chemin, qui engendreront des cicatrices mais aussi tes plus belles rencontres.
Yasmine, ne pleure pas ceux qui t'ont rabaissée, abandonnée, humiliée.
Prends ce qu'il y a à prendre, prends chaque minute de bonheur sans craindre la suite, c'est comme ça qu'on vit vraiment.
Car tu n'as pas besoin d'être aimée de tous, une seule personne peut apporter ce que tu aspires dans ta vie.

Un regard verra en toi ce que tu avais enfoui, un seul regard te redonnera l'envie d'avancer, d'avancer vite, de courir, de changer : pas pour lui mais pour toi.
Une main tendue quand tu auras baissé les bras.
Yasmine, sache que je suis fière de la petite fille que tu es et de la femme que tu seras, parce qu'envers et contre tous, tu resteras toujours la même.
Tu ne te feras pas beaucoup d'amis mais tu garderas les bons.
Tu resteras celle qui a sniffé des dafalgan avec ta compère Anne-Sophie en cours d'économie.
Tu resteras celle qui a assumé ses baskets Babou quand tout le monde portait des Buffalos au collège.
Tu resteras celle qui s'est cassé le poignet pour ne pas faire le cross du lycée.
Tu resteras cette fille qui faisait la quête au collège pour « se racheter des cheveux » après une coupe ratée.
Tu resteras la petite fille de tes parents et tu les rendras fiers.
Yasmine, je pourrais te dire de te méfier des autres, je pourrais te blâmer pour tes choix, je pourrais te prévenir, te proposer d'autres chemins plus doux.
Finalement, je t'écris pour te dire de vivre, comme tu dois vivre, ne change rien, ne regrette rien, souviens-toi que les choses n'arrivent jamais par hasard.
Parfois, on sera là où on n'aurait pas dû être.
On rencontrera des gens qu'on aurait préféré ne pas connaître.
On fera des choix qu'on n'aurait pas dû faire.
Et on regrettera des choses qu'on ne pourra pas changer.
Mais la vie est ainsi, elle est faite de choix, et ce sont ces choix qui font ce que nous sommes.
Alors, ma grande, vis ce que tu as à vivre, j'ai confiance en toi, j'ai confiance en nous, j'ai confiance en moi.

Avec tout mon amour,
Ely

TABLE DES RECETTES

Le sucré

Le salé

À l'heure de l'apéro

TABLE DES EXERCICES

Les exercices

Les etirements

REMERCIEMENTS

Voilà, ce travail de plusieurs mois se termine sur ces quelques lignes, sûrement l'une des parties les plus importantes pour moi : la gratitude.

Tout d'abord, je remercie Ariane et Agnès d'avoir vu en moi ce que je ne voyais pas encore, d'avoir cru en moi, et de m'avoir fait confiance.

Je remercie les Éditions Marabout de m'avoir permis de m'exprimer avec sincérité et liberté tout au long de ce livre.

Un grand merci à Sioux, de m'avoir accompagnée, guidée, écoutée tout au long de l'écriture du livre.

Merci à mon mari Yoann, qui a été l'élément déclencheur de ma prise de conscience, merci de m'avoir fait découvrir le sport et la force de mon corps et mon esprit. Merci de m'avoir aimée telle que je suis, avec mes hauts et mes bas, mes qualités et mes défauts.

Je pense que les mots de Katherine Pancol résument tout : « Ce doit être ça, l'amour : quand le regard de l'autre voit en vous ce que vous ne voyez pas vous-même, l'extrait comme une pépite dorée et vous l'offre. »

Et bien sûr, je remercie mes parents de m'avoir toujours soutenue dans chaque étape, chaque changement et chaque épreuve de ma vie, je les remercie surtout d'avoir toujours respecté mes choix et d'avoir été présents même à cinq cent kilomètres de moi (c'est bon, je pleure encore).

Merci d'avoir fait de moi celle que je suis, même si j'entends mon père d'ici : « Nous, on l'a bien éduquée, mais elle n'a pas tout retenu. » Je vous aime et j'ai conscience de la chance que j'ai de vous avoir auprès de moi.

Ce livre, je le dédie à tous mes abonnés sur Instagram, Facebook et sur le blog, tous ceux qui m'ont soutenu tout au long de ces années, qui m'ont vu grandir et évoluer, me planter de chemin et qui sont restés, à ceux qui m'ont dit plusieurs fois « Il faut que tu écrives un livre » et sans qui je n'en serais pas là aujourd'hui : MERCI.

Merci à toi qui as acheté ce livre, merci de me faire confiance, merci d'y croire autant que j'y crois.

Et surtout n'oubliez pas :
Vous êtes votre seule limite.

Ely

Achevé d'imprimer en Espagne par Graficas Estella
en avril 2018
pour le compte des éditions Marabout (Hachette Livre)
58, rue Jean-Bleuzen, 92178 Vanves Cedex
Dépôt légal : mai 2018
978-2-501-12884-1
3617103-01